critique de la raison photographique

Collection « encre marine »
ISBN : 978-2-35088-020-4

jérôme thélot

critique de la raison photographique

encre marine

Sommaire

p. 11 *Présentation*

p. 17 I. L'âge de la photographie

p. 35 II. La philosophie de la photographie

p. 53 III. La passion de l'image

p. 73 IV. Photographie et poésie

p. 93 V. Révélation du monde

p. 119 *Bibliographie*

p. 123 *Origine des textes*

p. 125 *Index*

L'œil qui jamais ne rompt avec la joie de voir
Finit tout aveuglé, ne se voit plus lui-même.

Angelus Silesius

Présentation

1839, l'année où la photographie fit son apparition dans l'histoire universelle, d'abord en Occident puis aussitôt dans le monde entier, *aura été* l'une des dates capitales de l'aventure humaine, un commencement de civilisation. Si cette première phrase doit s'écrire au futur antérieur, ce n'est pas seulement parce qu'elle formule une hypothèse, ni seulement par allusion au propos central du plus grand poème de Mallarmé (« Rien *n'aura eu lieu* que le lieu », écrit peu après l'invention de la photographie), c'est aussi parce que ce temps du futur antérieur est celui sur le fonds duquel le processus photographique produit ses images, en cela toutes structurellement semblables. Ce temps qui donne le photographiable comme en train de disparaître, qui donne le moment de photographier comme décisif, et le photographié comme disparu ; ce temps qui fait que l'homme photographiant attend de sa prise de vue qu'elle lui livre bientôt son propre présent comme un passé ; ce temps où, par conséquent, le présent est tenu à distance de lui-même, où il est toujours déjà *pris* (comme on *prend* une photo) dans une représentation, et déjà projeté comme prévision d'une vue rétrospective ; ce temps qui dissout le présent dans l'anticipation d'un souvenir – c'est le futur antérieur qui en signifie grammaticalement la structure essentielle. Depuis 1839, les images photographiques sont si conditionnées par la forme du futur antérieur dans laquelle elles trouvent leur temporalité propre, et celle-ci s'impose à travers elles avec une telle autorité captivante, qu'on est tenté de croire parfois, non sans inquiétude, que *rien n'aura eu lieu que la photographie* : que rien n'aura eu lieu que cette temporalité où est toujours déjà passée, disparue et anéantie, la présence du présent.

La question la plus englobante qui préside aux essais composant cet ouvrage est celle de savoir comment et pourquoi la photographie relève de cette temporalité. Il faut, pour y répondre, une réflexion qui soumette à l'examen la raison fondamentale en vertu de laquelle le processus photographique doit produire ce qu'il produit, à commencer par lui-même. Il faut mettre en question le photographique comme tel, en scruter les *a priori*, en décrire les constituants fondamentaux et en dégager les conditions transcendantales auxquelles il est assujetti. Ainsi cette recherche se laisse désigner dans un vocabulaire illustre : ce doit être une *Critique de la raison photographique*.

Mais ce titre signifie en outre l'obligation faite au chercheur d'élucider du même coup, avec l'ontologie mise en œuvre par le photographique, l'ambivalence affective dans le pathos de laquelle toute photographie est toujours vue, ce « désir mêlé d'horreur », comme disait Baudelaire, « un mal particulier »[1]. Cette ambivalence est d'abord celle du chercheur lui-même : elle est faite de son effroi compliquant son étonnement, et de son ennui et parfois de sa colère face aux « ruissellements fastidieux de photographies » dont Rimbaud déjà s'inquiétait[2] – parce que notre espace

1. Dans le plus saisissant poème de langue française jamais consacré à la photographie : « Le Rêve d'un curieux », avant-dernier des *Fleurs du Mal*.

2. Dans la lettre à Paul Demeny du 17 avril 1871, *Œuvres complètes*, Le livre de poche, « Classiques modernes », 1999, p. 236.

social en est saturé, parce que notre mémoire, notre imagination et nos projets en sont sans relâche les otages. La gêne de la pudeur devant les prostitutions de l'apparence, et l'irrésignation à cet arraisonnement du regard, nourrissent assurément l'entreprise ici conduite – cependant cette ambivalence, on en tombera d'accord, n'appartient pas au seul chercheur.

Il est d'abord permis, notons-le d'emblée, de se sentir l'adversaire de nombreux usages de la photographie : d'incriminer ses emplois policiers (dans les cartes d'identité, les fichiers de suspects, etc.) comme ses emplois militaires (dans le renseignement, les interrogatoires, etc.) ; il est permis sinon requis de critiquer beaucoup de ses emplois journalistiques (l'imposition de sens qu'elle inflige aux textes qu'elle est censée illustrer, le voyeurisme qu'elle induit, la sidération de la conscience par ses effets fascinants, etc.) ; et il est inévitable de détester, pour toutes sortes de motifs, l'usage publicitaire de la photographie, son empire dans les villes, sa laideur arrogante sur les feuilles et les murs, sa domination des esprits dans l'ordre politique, etc. Cependant, de toutes ces *photophobies* locales socialement déterminées la présente recherche n'est pas la défense ni l'illustration, encore qu'elle en est solidaire, et qu'elle compte exhiber ce qui les fonde radicalement. Aussi bien l'ambivalence affective, « désir mêlé d'horreur », devant la photographie, n'est le fait ni d'une bizarrerie personnelle ni d'une nostalgie politique, elle est née dès 1839 avec la première photo jetée au monde, lequel l'a reçue comme il reçoit toutes les autres, avec autant d'angoisse que d'admiration. La *fascination* pour la photo est avérée toujours et en tous lieux : regret autant qu'émerveillement, impatience jointe à l'adhésion, elle est une passion moderne par excellence, universellement partagée. Il importe par conséquent d'en produire aussi la *critique*, soit l'examen philosophique de son origine et de ses fondements.

Ce livre assume l'ambivalence « baudelairienne » devant la photographie, mais il cherche à en dégager la condition essentielle et à en produire les principes et les causes. Il vise ainsi dans la photographie non pas l'un ou l'autre de ses usages, non pas l'instrumentalisation des photos à des fins d'idéologie, ou de profit, ou de violence, mais le photographique comme tel, à savoir ce qui, de toute photo, est le fondement conditionnel – *la lumière elle-même dont elle est faite*. La thèse ici défendue peut donc s'annoncer comme suit. L'essence propre de la photographie – nommée « le photographique » –, autrement dit sa lumière, son mode d'apparition spécifique déterminé par le « *phanein* » *lumineux* qui est le sien, ce « *phanein* » qui se trouve dit dans son nom de « *photographie* », *écriture de la lumière*, est une essence telle que ce qu'elle déploie nécessairement dans les photos dont elle gouverne la constitution, c'est *le monde* – le monde que la lumière expose, et tel qu'elle l'expose. Mais une sous-thèse des pages suivantes est inversement que l'essence des individus vivants – la subjectivité de tout homme réel – n'appartient pas, quant à elle, du moins pas exclusivement ni principalement, à la lumière, au règne de laquelle elle demeure largement étrangère : d'où suivent l'ambivalence affective devant les photos, le sentiment de leur énigme, l'impression bouleversante qu'elles viennent d'un radical *dehors*, avec, en contrecoup, la ressaisie du sujet spectateur par lui-même comme tout autre que ce monde lumineux.

Cependant les usages de la photographie sont tout de même si nombreux et si divers, si imprévisibles aussi, que la *critique* qui cherche à en élucider la condition principielle – le photographique comme tel – doit emprunter des voies multiples, mener des percées sur plusieurs fronts sensibles, et laisser à ses essais, tout coordonnés qu'ils soient dans ce recueil synthétique, leur autonomie relative et leur particulière manière. La description phénoménologique dans les deux premiers essais favorise dans les trois suivants le déchiffrement d'œuvres capitales, d'abord deux œuvres littéraires (celle de Dostoïevski pour le roman, celle d'Yves Bonnefoy pour la poésie), puis une œuvre photographique (celle de

Bernd et Hilla Becher). Ce livre mêle ainsi les genres : le premier essai est une archéologie de l'invention photographique, le deuxième une phénoménologie critique, les troisième et quatrième ressortissent à l'herméneutique littéraire, et le dernier chemine de la critique d'art à la théorie esthétique. Cette diversité tient à ce que la photographie est une affaire trop sérieuse pour laisser ses seuls historiens et ses seuls sémiologues en parler tranquillement. On verra d'ailleurs avec quelle intensité et quelle profondeur Dostoïevski, Bonnefoy, les Becher, ont questionné le phénomène photographique. Il sera loisible de vérifier en l'occurrence que les pensées les plus audacieuses autant que les plus fécondes peuvent venir non de critiques professionnels, mais de poètes ; de même, on constatera qu'une œuvre de photographie non seulement peut donner, par le dedans de ses magnifiques images, à élucider le photographique lui-même, peut réfléchir en elle ce qui détermine les conditions de toute photo possible, mais peut en outre se faire rigoureusement *philosophique*, comme science théorétique de sa lumière constitutive et des principes qui la régissent. De sorte que les analyses de ces trois grandes œuvres viendront confirmer et ramifier les propositions plus délibérément conceptuelles des deux premiers essais, où est formulée didactiquement la thèse du livre.

Ainsi cette critique de la raison photographique, prenant acte que la photo existe et réfléchissant sa condition essentielle, trouve à la fin chez d'éminents artistes de quoi s'aggraver elle-même par l'écoute de leurs fictions, de leurs poèmes, et par la contemplation de leurs images. Elle sait ainsi que ces œuvres – *critiques* elles aussi – peuvent être aimées sans réserve, et elle s'achève du coup en éthique du regard. Les enseignements susceptibles de fonder l'ambivalence « baudelairienne » devant la photographie, auront été cherchés dans la beauté des images. Le *moment photophob*e, si nécessaire à toute iconophilie véridique, aura duré le temps d'un livre.

I. L'âge de la photographie

La proposition inaugurale de ce premier essai s'énonce de la manière suivante. On gagnera en compréhension de notre condition historique et en intelligence des présuppositions intérieures à celle-ci, si on décide, au moins provisoirement, de désigner la « modernité » comme *l'âge de la photographie*.

Devront d'abord être produits les arguments justifiant cette désignation et autorisant qu'on détermine la photographie non pas seulement comme l'emblème de la modernité – ce qui est déjà beaucoup – mais comme son mobile, son vecteur et son agent par excellence ; puis viendront les arguments visant à démontrer que si la photographie tient en effet ce rôle suréminent, c'est à sa constitution principielle qu'elle le doit, constitution en laquelle sont ramassées les décisions spirituelles fondamentales auxquelles la modernité doit d'être ce qu'elle est. De sorte que la démonstration se déclinera en deux versants. D'une part, il sera montré que « moderne » veut dire : *travaillé par la photographie, et, plus précisément, surdéterminé par les traits fondamentaux dont la photographie est faite.* D'autre part, remontant en amont de ces traits jusqu'aux conditions de possibilité elles-mêmes de la photographie, il restera à déterminer comment ces dernières synthétisent l'essence de la modernité, entendue alors comme un événement spirituel et de nature ontologique. Cette condition transcendantale de la photographie sera appelée pour finir : « le photographique »[1], et ce mot servira finalement à nommer puis à décrire la position ontologique par laquelle la modernité est fondée depuis son commencement historique.

1. Histoire, mémoire, vision

Montrer que la modernité est surdéterminée en profondeur par la photographie, il est loisible de le faire en suivant trois directions d'analyse. Premièrement : la modernité est un souci de l'*Histoire* ; deuxièmement : ce souci de l'Histoire est adossé en elle à une théorie et à une pratique particulières de la *mémoire* ; troisièmement : cette mémoire elle-même est tributaire du primat qu'elle accorde, dans son appréhension du réel, à la *vision*. Or ce qui est à l'œuvre de façon déterminante et paradigmatique dans ces trois constituants de la modernité, c'est la photographie.

« Moderne », d'abord, est le souci de l'Histoire telle que la photographie l'informe.

S'il est vrai que ce mot de « modernité » représente une catégorie mixte, où entrent conjointement une dimension *historique* (la modernité comme un autre temps que l'âge classique, comme ce qui procède de l'époque romantique mais pour s'en arracher, et comme ce qui anticipe le post-moderne mais pour s'y défaire) et une dimension *esthétique* (la modernité comme célébration d'elle-même, comme regard favorable que portent les Modernes sur eux-

1. Ce mot aura donc ici un sens différent de celui que lui a donné Rosalind Kraus dans *Le Photographique. Pour une théorie des Écarts*, Macula, 1990.

mêmes, comme donc le modernisme, et les avant-gardes, et les fabriques artistiques de l'homme nouveau, etc.) ; s'il est vrai que la modernité recèle donc indiscernablement ces deux dimensions : un *âge de l'art* et un *art de l'Histoire*, ou encore : un âge où l'esthétique devient historique et où l'historique devient esthétique ; alors nul doute que le vecteur principal de cet ajointement est la photographie.

Au moment même, en effet, où Hegel, dans ses *Leçons* d'esthétique données à Berlin, proclame devant un public considérable que le siècle dix-neuvième est celui de l'invention de l'Histoire, un obscur et génial bricoleur de province, Nicéphore Niépce, est en train d'inventer, seul, à Chalon-sur-Saône, le procédé qu'il nomme « héliographie » de fixation des images obtenues au fond de la chambre noire, auquel on devra, pour les siècles des siècles après lui, l'ensemble des vues qui seront reçues de l'Histoire du monde. Mais cette invention de l'Histoire et cette invention de la photographie ne sont pas seulement contemporaines – encore que le fait qu'elles le sont est remarquable –, elles s'entretiennent nécessairement. Inventer l'Histoire, c'est d'abord en effet promouvoir la *représentation* comme telle, et en l'occurrence la représentation du fait accompli, du passé constatable, c'est ériger en valeurs le témoignage, le document et l'archive aisément disponibles. Or la photographie n'est d'abord rien d'autre que ce projet comme tel de la représentation, de ses prestations et de ses réalisations itératives. Elle expose inlassablement ses images mimétiques dont la figuration des détails est inégalable ; elle dépose sur la surface photosensible l'extériorité du monde, et montre donc ce que Barthes appelait le *ça a été* de la passéité[1] ; elle se donne comme la plus exacte, la plus rapide et bientôt la plus commode des attestations figurales de l'apparence empirique. Histoire et photographie arrivent ensemble parce

1. R. Barthes, *La Chambre claire. Note sur la photographie*, L'Étoile, Gallimard, Le Seuil, 1980.

qu'elles s'entretiennent mutuellement, chacune nourrie de la volonté de l'autre. L'Histoire prend les photos comme ses preuves ; les photos prennent l'Histoire comme leur occasion. L'Histoire (entendue à la fois comme devenir et comme historiographie, comme factualité et comme représentation) trouve dans la photographie non seulement sa servante infatigable qui lui fournit les certitudes dont elle a besoin, les documents et les duplicats qu'il lui faut, mais l'effectuation comme telle de son essence. Car la photographie, d'une part, est une historiographe on ne peut plus dévouée, exceptionnelle, qui donne idéalement à voir ce que l'historien veut montrer, et, d'autre part, elle se produit elle-même comme la pourvoyeuse majeure des événements, modifiant de fond en comble le cours des temps. À l'âge de la photographie, ce n'est pas tant l'événement qui suscite la photo, mais la photo qui suscite l'événement : l'Histoire n'y vise pas tant des faits qui obtiennent leur représentation, mais des représentations inventant des faits. On sait que telle catastrophe, non photographiée, n'aura qu'à peine eu lieu, et qu'inversement telle broutille, pourvu qu'on la photographie, pourra paraître en catastrophe. Une première conclusion se pose comme suit. *L'Histoire dont la modernité a le souci est celle que la photographie produit ; la modernité comme souci de l'Histoire est une production de la photographie.*

« Moderne », ensuite, est la *mémoire* particulière telle que la photographie la construit.

Pour autant que la modernité est un souci de l'Histoire, d'ailleurs aussi soucieuse d'elle-même, a-t-on pu dire, que l'hystérique exhibitionniste[1] ; et pour autant qu'elle se modèle sur la photographie comme miroir de son hystérie ; alors elle dépend d'une théorie et d'une pratique spécifiques de la mémoire en laquelle, de nouveau, se laisse reconnaître le modèle de la conservation photographique. Depuis cette année de 1839 où fut révélé au

1. Voir H. Damisch, *La Dénivelée. À l'épreuve de la photographie*, Seuil, 2001, p. 21.

monde le procédé de Niépce et de Daguerre, la métaphore de la photographie comme enregistrement mémoriel, et inversement celle de la mémoire humaine comme plaque sensible conservant les traces mnésiques, la métaphore du *cliché* photographique comme souvenir, et, inversement, celle du souvenir comme cliché, sont répétées *ad nauseam* par les discours de tous bords. Pas une théorie de la mémoire, à l'âge moderne, qui ne joue plus ou moins de cette métaphore et qui ne prenne, peu ou prou, le procès de fixation et de développement photographiques comme modèle interprétatif. Le « miroir qui se souvient », de Hello[1] ; les « clichés-souvenirs » de Hervey de Saint-Denys[2] ; l'« imitation » selon Gabriel Tarde, décrite comme « reproduction quasi photographique d'un cliché cérébral par la plaque sensible d'un autre cerveau »[3] ; les « traces mnésiques » selon Freud ; les descriptions de l'empreinte psychique chez Bergson et chez Proust, sont autant d'exemples parmi bien d'autres de l'allégorie désormais universelle, vraiment un poncif de la modernité, qui figure la mémoire en chambre noire, les souvenirs en instantanés, et la remémoration en développement.

Les retombées sociales et psychologiques de cette théorie de la mémoire sont énormes. Qu'il suffise de mentionner, au plan de l'imaginaire collectif, la domination du fantasme de la *restauration*, sous l'obsession duquel on en vient à configurer, par exemple, l'engloutissement du Titanic dans sa facticité reconstituée, ou la démarche des Dinosaures avec tous ses atours et ses effets de réalité, ou même les visages de nos ancêtres pourtant *préhistoriques* – antérieurs aux documents – avec toutes les preuves apparentes que nos bons sentiments étaient déjà les leurs. Qu'on songe à la valorisation des patrimoines, à l'empire consenti aux techniques

1. E. Hello, *L'Homme. La vie. La science. L'art*, Paris, 1894, p. 167. Cité par D. Grojnowski, *Photographie et langage. Fictions, illustrations, informations, visions, théories*, Corti, 2002, p. 361.
2. L. d'Hervey de Saint-Denys, *Les Rêves et les moyens de les diriger*, Paris, Amyot, 1867, p. 75.
3. G. Tarde, *Les Lois de l'imitation* (1890), Alcan, 1895, p. VII.

d'enregistrement, aux industries de la conservation universelle, archivages sans relâche, bibliothèques babéliennes, cinémathèques et audiothèques, musées du temps passé, du temps présent et du temps futur, à la formation mondiale d'un corps protéiforme de conservateurs spécialisés, muséographes de toutes sortes, « professeurs jurés d'esthétiques » (disait Baudelaire), ayant pour charge de garder, de préserver, de *fixer*, de patrimonialiser, de thésauriser, de tenir et de retenir contre tout oubli, de radiographier contre toute perte – contre tous les temps – ce que la photographie, *elle d'abord*, a appris à documenter.

Or cette mémoire intempérante et rationnelle de la modernité, autrement dit cette modernité comme mémoire systématique a en propre, pour le dire avec le vocabulaire de Proust, qu'elle est « volontaire ». La modernité comme souci de l'Histoire adossé à cette mémoire obstinée, fantasmatiquement exhaustive, instruite par le modèle photographique, c'est l'utilisation continuelle que dénonçait Proust, d'un immense index de références toujours disponibles et toujours indifférentes, désaffectées comme objectives, d'une mémoire volontaire et volontariste d'origine purement intellectuelle, technique, machinique, qui court-circuite l'anamnèse individuelle comme elle s'interdit l'oubli. Moderne est la mémoire d'inspiration photographique, celle qui, pour ne rien oublier, ne se *souvient*, à vrai dire, de rien, et qui, pour disposer à tout instant de l'enregistré, censure la remémoration. Amnésique mémoire ! Un historien scrupuleux, non suspect d'incrimination du photographique, le dit loyalement :

> La photographie a, au siècle dernier [au XIXe siècle], mécanisé, quantifié, rationalisé et accéléré l'ensemble du processus de production de l'image, [...] elle a substitué un temps mesuré et machinique au temps humain de la peinture [...][1].

1. A. Rouillé, *La Photographie*, Gallimard, « Folio », 2005, p. 300.

Et Beckett l'avait suggéré avec force dans son commentaire de Proust :

> L'homme qui a une bonne mémoire ne se souvient de rien parce qu'il n'oublie rien[1].

Cet homme est *l'homme photographique*, autrement dit l'homme moderne.

« Moderne », enfin, est dans cette Histoire et dans cette mémoire le primat de la vision, et précisément de la vision *photographique*.

Parmi les formules fameuses dont sont ornées les historiographies de la photographie, on manque rarement de tomber sur celle de l'astronome Jules Janssen, attestée dans les années 1870-1880, souvent reprise ensuite en étendard par les thuriféraires de l'image mécanique : « La photographie est la rétine du savant[2] » – ainsi que sur celle non moins retentissante de Mathew Brady, qui photographia la guerre de Sécession (première guerre de l'Histoire dont fut fourni un ample témoignage photographique) : « L'appareil est l'œil de l'histoire.[3] » Or ces profondes paroles disent la même chose : elles disent que le savoir dont le savant s'occupe s'accroît de la *vision* dont la photographie est l'agent, et que l'Histoire elle-même est un pareil savoir, qui ne sait ce qu'il sait que de le *voir* comme la photographie le voit. Savoir, à l'âge de la modernité, savoir en particulier l'Histoire, et inventer l'Histoire en tant que ce savoir, ce n'est pas seulement disposer d'enregistrements « objectifs » en lieu et place de souvenirs ; ce n'est pas seulement activer les index de la mémoire volontaire et technique en lieu et place d'anamnèses individuellement éprouvées ; c'est encore, en amont, *voir* : voir par cette rétine matérielle de la chambre noire, par cet œil scientifique de l'appareil, et c'est voir comme celui-ci voit. Le dix-neuvième et le

1. S. Beckett, *Proust*, traduit de l'anglais par Édith Fournier, Éditions de Minuit, 1990, p. 40.
2. Voir A. Gunthert, « La rétine du savant », *Études photographiques*, 7, mai 2000, p. 29-48.
3. Voir S. Sontag, *Devant la douleur des autres*, traduit de l'anglais par F. Durand-Bogaert, Christian Bourgois, 2002, p. 60.

vingtième siècles, en héritiers de l'idéal *théorique* qu'avaient construit les philosophes des Lumières dans les planches de l'*Encyclopédie*, auront été l'âge du perfectionnement hyperbolique des machines à voir, dont le vingt-et-unième siècle prend la succession : les phénakistiscopes, les physionotraces, les chambres claires, les dioramas et les panoramas, la lithographie, la stéréoscopie, la totalité de ces « joujoux » scientifiques dont s'étonnait Baudelaire, et les tableaux vivants, puis le cinématographe, la télévision, les images « en 3 D », jusqu'aux simulateurs de toutes sortes avec leurs images de synthèses, etc., cette production d'écrans divers mais monotones qui aujourd'hui ne semble pas près de finir atteste et entraîne le surdéveloppement moderne des visibilités, la valeur ajoutée aux procédés d'exposition, la « civilisation » – comme on a pu dire – « des images », ou, selon Guy Debord, la « société du spectacle »[1]. Même un concept comme celui de « pulsion scopique », dans certaines psychanalyses, semble devoir non seulement sa pertinence mais sa possibilité à cette absolutisation de la vision que l'on constate aux temps modernes.

Des cinq sens (à supposer que l'individu réel n'ait que cinq sens, ce qui n'est qu'une réduction), c'est celui de la vue, presque seul, qui est obsessionnellement surcultivé en tout moment de l'expérience moderne – ce sens de la vue que Freud reconnaissait comme celui par excellence de l'excitation sexuelle chez les humains. Nul doute que le « joujou » le plus efficace dans cette éducation du regard, ou, faut-il dire, dans ce dressage de la vision, c'est la photographie comme appareil et comme image. Proust encore en témoigne, qui relie les émotions initiatiques du rapport à soi de son narrateur, dans *À la recherche du temps perdu*, aux impressions qu'il a reçues, enfant, des photographies dont il fut insatiable. De même, avant Proust, Baudelaire avait attaqué de front, et en solitaire, ce redoutable problème :

1. G. Debord, *La Société du spectacle* (1967), Gallimard, Folio, 1992.

> Est-il permis de supposer qu'un peuple dont les yeux s'accoutument à considérer les résultats d'une science matérielle comme les produits du beau n'a pas singulièrement, au bout d'un certain temps, diminué la faculté de juger et de sentir ce qu'il y a de plus éthéré et de plus immatériel[1] ?

Un seul exemple suffira pour étayer ces propositions, celui du portrait individuel, en lequel et par lequel chacun aujourd'hui apprend à s'identifier, non seulement à se reconnaître mais à se conformer à l'image de lui-même que sa photo lui montre. Dès la première enfance, « l'homme photographique », comme l'a nommé Philippe Ortel[2], est celui qui se penche sur son apparence photographiée, qui se prend plus ou moins pour celle-ci, qui se souvient de soi conformément à ces portraits dont il est circonvenu, et avec lesquels il ne peut guère croire qu'il n'est pas apparenté. De l'individu moderne des sociétés industrialisées, la mémoire offusquée édifie une image conforme à son portrait photographique. Et la mémoire historique fait de même, qui règle son savoir sur le voir photographique. Il faut pourtant que soit entendu le propos ironique de Paulhan, dont Gérard Macé a fait l'épigraphe de son très beau livre, *La mémoire aime chasser dans le noir* :

> Il faut avertir dès maintenant nos petits-fils que nous n'avons rien de commun avec les tristes images qu'ils garderont de nous[3].

2. L'ontologie de la photographie et la curiosité

Cependant, il ne suffit pas de montrer que la modernité est surdéterminée par la photographie, quand bien même c'est au

1. Baudelaire, *Salon de 1859*, « Le Public moderne et la photographie », *Œuvres Complètes II*, « Bibliothèque de la Pléiade », Édition de Cl. Pichois, Gallimard, 1976, p. 619.
2. Cette excellente expression de Philippe Ortel sert de titre au dernier chapitre de son livre, *La Littérature à l'ère de la photographie. Enquête sur une révolution invisible*, Jacqueline Chambon, 2002, p. 299 *sq*.
3. G. Macé, *La mémoire aime chasser dans le noir*, Gallimard, 1993, p. 13.

niveau de ses trois constituants fondamentaux qu'on le fait – l'invention de l'*Histoire*, la systématisation de la *mémoire*, le primat de la *vision*. Encore faut-il remonter en amont de ces constats jusqu'à leurs conditions de possibilité, si du moins on veut, comme ici, fonder radicalement cette compréhension de la modernité comme âge de la photographie. Il convient maintenant de poser ceci : le « photographique », entendu comme l'essence de la photographie, ou identiquement comme la condition transcendantale en laquelle la photographie trouve sa possibilité, est lui-même et comme tel l'essence de la modernité. Si cette thèse est avérée, il conviendra tout à l'heure d'en dire les principales conséquences.

Au plan technique, les conditions de la photographie ressortissent principalement à deux domaines du savoir scientifique : l'optique et la chimie. L'appareil photographique – celui qui est en place depuis la *camera obscura* utilisée par Niépce, jusqu'aux appareils numériques – est une boîte (une boîte *noire*) conçue de telle sorte qu'elle restitue de l'objet photographié une image perspectiviste. L'appareil, comme *camera obscura*, est l'instrument efficace pour accomplir et pour universaliser le projet des théoriciens de la Renaissance et des peintres depuis le Quattrocento. Alberti ou Piero della Francesca y eussent trouvé leur meilleur allié, puisqu'il promeut le type d'images que la pensée rationnelle avait exigé de ces artistes : de ces images régies par les lois de la géométrie euclidienne, et qui font percevoir, illusionnistes, leur plan bidimensionnel comme une structure volumétrique à trois dimensions. Quant à l'optique, donc, le photographique est le déploiement d'un système de représentation aussi ancien que familier, tel que les images qu'il conditionne obéissent au principe conventionnel d'une règle de projection dans l'espace dont c'est la géométrie qui est la science fondamentale. Quant à la chimie, d'autre part, elle intervient à titre égal comme condition nécessaire des photos, en ce que celles-ci (du moins dans le procédé argentique qui sert ici de modèle intellectuel) sont des *fixations* de ces images géométriques, soit par une émulsion dont les sels d'argent garantissent la photosensibilité, soit par tout autre moyen. L'appareil qui produit des projections perspectivistes, enregistre l'empreinte lumineuse sur ses surfaces réceptives.

Cette double détermination du photographique comme optique et chimique – géométrisation de l'espace et réceptivité de la surface – repose sur un préalable qu'il faut dégager, pour autant que ces sciences elles-mêmes sont adossées à une ontologie particulière dans laquelle elles puisent leurs propriétés.

Quant à la perspective, Panofsky a montré dans son grand essai, *La Perspective comme forme symbolique*, qu'elle est une promotion de l'art au statut de science en ceci qu'avec elle, la subjectivité du point de vue sur le monde – ce point focal à partir duquel l'espace se déploie selon sa profondeur – accède au niveau de l'objectivité. Par l'invention de la perspective, disait Panofsky, « on avait réussi à opérer la transposition de l'espace psychophysiologique en espace mathématique, en d'autres termes, l'objectivation du subjectif »[1]. Le photographique en son versant optico-géométrique, est l'universalisation technique de cette objectivation. L'ontologie qui le gouverne est celle à laquelle la géométrie doit sa propre possibilité : c'est l'idée fondamentale que l'espace étant partout homogène, continu, étendu, est du coup mesurable et quantifiable par un sujet qui y trouve lui aussi sa détermination principielle, laquelle fait de lui un sujet spatial, objectif dans cet espace objectivé, sans affectivité ni passion, sans corps propre ni désir singulier, et réduit au plus intellectuel de ses sens – *réduit à son œil.* Or toute vision accomplit en elle la négation de sa particularité, elle livre au dehors l'œil qui s'y dépasse.

Quant à la photosensibilité, l'ontologie qui la conditionne se laisse commodément décrire par la voie étymologique. La *photo*-sensibilité, comme la *photo*-graphie, doit son nom au radical *bha*,

1. E. Panofsky, *La Perspective comme forme symbolique*, Éditions de Minuit, 1975, p. 159.

indo-européen, « briller », qui forme la base du grec « *phai*-nein », mettre en lumière, et « *phai*-nomena », les visibilités célestes, les constellations visibles, précisément les *phé*-nomènes – mais les phénomènes toujours déjà compris en tant qu'apparitions *à la vue*. Assurément, une remarque étymologique ne fait pas une démonstration. Ceci cependant s'en trouve confirmé : la *photo*-sensibilité comme phénomène chimique est avant tout une exhibition d'image, une exposition à la lumière – pour que celle-ci s'écrive dans sa trace enregistrée –, *une phénoménalité de la visibilisation*, laquelle identifie toujours déjà l'objet photographié à, justement, un *phé*-nomène, c'est-à-dire une *vue*, une chose à voir, objectivée pour autant qu'elle est vue. *Le photographique en son versant chimique est la systématisation de l'identité présupposée entre un phénomène et une visibilité.* L'ontologie qui le gouverne à cet égard est donc la même que celle qui détermine son versant optique : c'est l'idée préalable que le monde est un spectacle, que le réel s'identifie au visible, et c'est par voie technique l'absolutisation de cette idée.

Si donc on résume ces analyses de la façon suivante : *le photographique, entendu comme l'essence conditionnelle de la photographie, est le primat accordé, d'une part, à l'espace étendu, d'autre part à la subjectivité réduite objectivement à un point de vue géométrique, enfin au postulat que l'essence de tout phénomène est sa visibilisation*, alors il faut en déduire aussitôt cette thèse ici défendue : *le photographique est l'essence de la modernité.*

Car le fondement non seulement historique mais spirituel de celle-ci, comme Husserl l'a dégagé dans son dernier livre publié, *La Crise des sciences européennes et la phénoménologie transcendantale*, aura été la décision prise par Galilée, la décision proto-fondatrice de l'âge moderne, ce geste inaugural de l'une des grandes révolutions de l'Histoire humaine :

> Nous voyons ici, écrit Husserl, comment la géométrie, prise dans cette naïveté de l'évidence apriorique qui maintient en mouve-

ment tout travail géométrique normal, détermine la pensée de Galilée et la conduit à l'idée d'une physique, qui dès lors jaillit pour la première fois dans le travail de sa vie. [...] Cependant toute cette mathématique pure n'a affaire au corps et au monde corporel que dans une simple abstraction, c'est-à-dire qu'elle n'a affaire qu'aux *formes abstraites* de la spatio-temporalité, et, de plus, à celles-ci seulement en tant que formes-limites « idéales ». Mais *concrètement* les formes empiriques réelles et possibles nous sont tout d'abord données dans l'intuition empirique sensible, simplement en tant que « formes » d'une « matière », d'un « plein » sensible ; c'est-à-dire qu'elles nous sont données avec ce qui s'offre dans ce qu'on nomme les « qualités sensibles », « spécifiques », couleur, son, bruit, etc., et ce dans leurs gradualités propres[1].

Ce texte extraordinaire est une glose de la *réduction* accomplie, en effet, par Galilée, réduction par laquelle la science moderne a été constituée, et en laquelle la modernité a trouvé son commencement et son destin. Comme Michel Henry l'a rappelé magistralement, Galilée écrivait ceci dans son grand ouvrage, le *Saggiatore* :

> Je me sens bien contraint selon la nécessité, aussitôt que je conçois une matière ou substance corporelle, à concevoir en même temps qu'elle est délimitée et douée de telle ou telle figure, qu'elle est, par rapport à d'autres, grande ou petite, qu'elle est en tel ou tel lieu, qu'elle se meut ou qu'elle est immobile [...] et par nul effort de l'imagination, je ne puis la séparer de ces conditions ; mais qu'elle doive être blanche ou rouge, amère ou douce, sonore ou muette, d'odeur agréable ou désagréable, je ne puis forcer l'esprit à devoir l'appréhender comme nécessairement accompagnée par de telles conditions [...][2].

L'invention galiléenne d'une nouvelle intelligibilité, sa mathématisation de la nature, sa lecture de l'univers dans la langue de la géométrie, son objectivation du réel comme spatial, et

1. E. Husserl, *La Crise des sciences européennes et la phénoménologie transcendantale*, traduit par G. Granel (1976), Gallimard, « Tel », 1989, p. 35.
2. *Opere*, Ed. Nazionale, vol. VI, p. 347. Cité et commenté par Michel Henry, qu'ici je ne fais que suivre, dans *Incarnation. Une philosophie de la chair*, Seuil, 2000, p. 143 et suivantes.

de l'espace comme étendue contenant des corps étendus, cette invention reprise et relancée par le cartésianisme, qui a permis depuis le dix-septième siècle le développement des sciences exactes, et, avec celles-ci, celui des techniques, enfin qui a donné au monde l'arsenal maintenant presque universel des machines et des hyper-machines avec lesquelles la modernité aura fait notre Histoire présente – cette invention est une *réduction*, comme le texte de Galilée l'atteste et comme celui de Husserl le certifie. Or cette réduction, le photographique lui-même la met en œuvre pour produire ses images ; elle est la prestation par excellence de la photographie.

Galilée *réduit* les phénomènes à ce qui en eux se laisse mesurer, il les abstrait de leurs tonalités affectives non mesurables, non géométriques, non spatiales, il leur retire par cet acte d'esprit qu'on appelle *la science* leurs qualités subjectivement sensibles : couleur, goût, son, odeur, et ce faisant il les reçoit objectivement comme corps délimités dans l'espace homogène, que seul le calcul mathématique *pur* – pur d'affectivité, pur de sensibilité, pur d'individualité – saura connaître conformément à l'idéal d'une connaissance universelle et apodictique. Cette ontologie galiléenne est celle-là même, exactement, que le photographique ramasse dans sa condition optico-chimique, dans le primat qu'il accorde à l'objectivité du point de vue et au phénomène présupposé comme visibilité. *L'essence de la photographie – le photographique – c'est la réduction galiléenne de la phénoménalité aux seuls phénomènes visibles et étendus, en tant qu'objets spatiaux. Si la modernité est l'âge de la photographie, c'est pour autant que celle-ci trouve sa condition transcendantale dans l'ontologie de la science galiléenne.*

Qu'on replace maintenant les constats retenus tout à l'heure sous le jour de cette thèse, et il apparaît ceci. Les trois constituants principaux de la modernité, impliqués chacun par les deux autres (le souci de l'Histoire auquel elle s'identifie, la systématisation de la mémoire volontaire sur laquelle ce souci s'appuie, et la préséance de la vision comme présupposition de cette mémoire) ne font que déployer cette ontologie galiléenne du photographique, et reposent sur elle. D'où l'extraordinaire *curiosité* dont la modernité est passionnément l'otage, cette curiosité qui provoque sa mélancolie semble-t-il indéfectible, par laquelle doivent se conclure ces premières analyses.

Désignant la modernité comme l'ère de la *réduction galiléo-photographique*, on peut poser que la curiosité en est l'affect par excellence : la curiosité comme désir de savoir, et ce désir-ci entendu comme désir de voir. La curiosité est le mobile fondamental de l'investigation moderne. La curiosité est la passion des Modernes, et leur destin, et leur malheur. « Jusqu'où, demandait Hubert Damisch, jusqu'où s'étend la curiosité qui nous pousse aujourd'hui à coller nos yeux aux deux objectifs d'un stéréoscope pour y réitérer une fois encore, chacun pour son compte, l'expérience du relief en photographie ? Quel souci nous y porte, quel soin, quel penchant à voir et à savoir, sinon quelle indiscrétion, quel goût pour les choses singulières (puisque ce sont là, dans l'ordre, les termes dont use Littré dans sa recension des acceptions du mot « curiosité ») ?[1] »

Et Baudelaire dans « Le Voyage », le dernier poème des *Fleurs du Mal*, récapitulant sous ce signe l'expérience de l'ennui :

> La curiosité nous tourmente et nous roule,
> Comme un Ange cruel qui fouette des soleils [,]

ne le faisait qu'après avoir nommé dans l'*avant*-dernier poème le rêve intérieur à l'expérience photographique, sous ce titre clair : « Le Rêve d'un curieux »[2].

Or en effet la curiosité est un *souci*, c'est-à-dire un rapport au monde tel que le sujet de ce rapport manque essentiellement

1. H. Damisch, *op. cit.*, p. 43.
2. Voir une analyse de ce poème entendu comme une allégorie de la prise de vue photographique et de ses conséquences métaphysiques, dans J. Thélot, *Les Inventions littéraires de la photographie*, « Baudelaire. La photographie comme *Fleur du Mal* », PUF, 2003, p. 33-52.

et ne peut que manquer son objet, pour la raison précisément qu'il voit le monde comme un objet, et, le voyant tel, entreprend de le réduire à son savoir. La curiosité s'établit sur le préalable d'une relation entre sujet et objet, sur la distance entre ces instances, sur l'identification enfin du savoir au franchissement de cette distance. La curiosité est l'affect de « l'homme théorique », comme l'appelait Kierkegaard, de l'homme qui s'est livré au savoir, qui a voulu son savoir comme un voir, qui a réduit le monde aux objets visibles et la phénoménalité à la visibilité – elle est par suite l'affect nécessairement déceptif, mélancolique, de qui a condamné la subjectivité vivante à l'objectivation, de qui a soustrait du réel les qualités sensibles pour n'en garder que la délimitation spatiale justiciable d'une mesure, d'un calcul, d'une représentation ; elle est le tourment de la distance entre le sujet connaissant et l'objectivité connaissable. Curieux, l'homme moderne ne l'est pas en vertu d'une disposition psychologique qu'il faudrait saluer comme une conquête ou une vertu, il l'est obligatoirement, fatalement, et désespérément, pour avoir identifié sa vie réelle d'individu à la visée théorique du projet scientifique, pour avoir décidé, depuis Galilée, que le savoir est sa tâche, le voir son devoir, et l'extériorité du monde une occasion de le photographier. Curieux, tel est « l'homme photographique » : celui dont les tonalités affectives sont dévaluées au profit des perceptions visibles (quand elles ne leur sont pas purement et simplement sacrifiées), celui dont les cinq sens sont régentés par un seul d'entre eux, celui dont les croyances, les mythes et les présuppositions dépendent de l'information que lui délivrent ses machines de vision, ses « joujoux », les appareils photographiques et leurs dérivés. Parce que la modernité est l'âge de la photographie, elle est identiquement celui de la curiosité.

La dernière proposition se déduit des précédentes : *c'est parce qu'elle est l'âge de la curiosité que la modernité est aussi celui par-dessus tout de la mélancolie.*

Qu'on regarde une photo, n'importe laquelle, d'un ami ou d'une ruine, d'un cadavre ou d'un nu ; disons celle de Baudelaire, la main dans le gilet, prise par Nadar en 1862, ou quelque autre ; et, comme Barthes l'a fait remarquer avec la puissance d'émotion dont est habitée sa *Chambre claire*, ce qui s'y laisse voir, cruellement, c'est que le motif photographié qui est représenté là, présentement n'est plus, que ce qui apparaît comme image a disparu comme présence. Toute photographie, on le sait bien, est trace d'un révolu, empreinte d'une disparition, et c'est aussi pour cette raison que ces images fascinent, qui remettent sous les yeux ce que les yeux ne verront plus, qui rendent comme revenants les phénomènes irretrouvables. Sauf que c'est aussi par là qu'elles nous navrent, ne restituant du passé qu'une forme visible, ne connaissant du révolu qu'un spectre, non ce que notre mémoire vive en éprouve subjectivement, non ce qu'elle en oublie et rappelle au gré de sa sensibilité, de son anamnèse involontaire, mais seulement cette chose spatiale, insensible, *dehors*, une « vaine forme de la matière » – pour parler comme Mallarmé – que la machine optico-chimique, dévolue aux visibilités mesurables, a conservée dans le cercueil de sa boîte noire. La photographie est la machine par excellence de la mélancolie, parce qu'elle accomplit et radicalise le projet moderne comme tel, de sacrifier à la curiosité – au savoir, au voir, à la distance entre sujet et monde, à l'extériorité des apparences géométriques – la réalité des affects, laissés pour compte de la réduction galiléenne.

À l'heure présente, où l'utopie du dix-neuvième siècle de *tout* photographier est devenue notre cauchemar quotidien ; où la nostalgie désormais *machinée* est de n'avoir pas photographié le passé, de n'avoir pas reconstitué *tout* le passé comme photographiable ; à l'heure où chacun d'entre nous voit en photographie, chaque jour, plus de cadavres qu'il n'en aura touché en réalité à la fin de sa vie ; où le nombre quotidien des images reproductibles à l'infini est incommensurablement plus élevé que le nombre d'êtres humains[1] ; à l'heure où, pour reprendre le propos de Paulhan cité plus haut, nul désormais ne sait plus guère qu'il n'a rien de commun, en vérité, avec les tristes images que garderont de lui ses descendants ; quand enfin l'âge de la photographie est devenu l'heure sans heure du « temps réel » où la modernité contemple son hystérie ; alors ce qui demeure d'authentiquement vivant, de vraiment roboratif et de salubre, n'est-ce pas surtout, parmi les œuvres depuis presque deux cents ans, celles qui, paradoxales, ont entrepris de lutter contre l'empire de la photographie, dans une lutte sans fin, qui sera sans succès ? Le meilleur de la modernité (et l'un des meilleurs usages de la photographie !), n'est-ce pas Baudelaire alarmé éprouvant le photographique comme une morne apocalypse ? ou Proust fondant son immense livre sur l'intuition qu'une autre réalité que celle des photos est accessible par l'écriture ? ou Barthes lui-même écrivant que dans les photos ce qui le « point », ce qui vraiment l'atteint et le bouleverse, c'est ce qui n'est rien de photographique, c'est l'émotion irreprésentable pour autant qu'elles ne l'ont pas éteinte. La survie de l'homme moderne compris comme homme photographique dépend de telles luttes, de telles œuvres.

Car celles-ci rappellent à la modernité que si sa fondation se trouve dans la réduction du réel à l'espace, son salut tient non pas aux images mais aux individus, et non au seul visible mais à la profondeur sans mesure de l'affectivité.

1. Sur ce point, voir le poème d'Yves Bonnefoy, « L'artiste du dernier jour », cité plus loin dans le quatrième essai.

II. La philosophie de la photographie

En réalité, il y a une autre révélation que celle de l'objectivation, que celle du monde.

Michel Henry

1. Photographie et philosophie

La photographie a ceci d'étonnant qu'elle appelle, en guise de savoir qui la décrive et qui l'érige en concept, la *philosophie*. Par la photographie la philosophie est requise, et elle l'est plus profondément que par toute autre production d'image. La philosophie de la photographie n'est pas une recherche revendiquée par l'opinion ou par la spécialité d'un chercheur, elle est prescrite par la photographie elle-même qui la réclame par une détermination d'essence comme son savoir propre, ne pouvant pas faire que la philosophie ne soit ce savoir qu'il lui faut et qui lui convient.

« Philosophie » désigne ici la remontée aux conditions principielles, remontée aussi lointaine que possible vers la possibilité originaire du phénomène considéré, non pas vers ses éléments constituants ni vers les déterminants historiques qui ont pu l'instituer empiriquement, mais vers sa phénoménalité elle-même, autrement dit vers son apparaître en amont de son apparence, en amont de sa contingence. « Philosophie » désigne l'interrogation sur l'essence du phénomène lui-même et comme tel, c'est-à-dire sur son mode propre d'apparition, pour autant qu'il apparaît, sur le *comment* de cette apparition.

« La philosophie de la photographie », ce titre annonce donc une recherche sur la manière dont la photographie apparaît, sur son apparaître en tant que tel. Et cette recherche ainsi titrée pose la question suivante : non pas *qu'est-ce* que la photographie, mais *qu'arrive-t-il* dans son arrivée ? Non pas *pourquoi* la voici, mais *comment* son apparition se produit-elle au niveau où une telle apparition peut se produire, au lieu où sa condition la rend possible.

Or dans ce titre : « La philosophie de la photographie », si on détermine le second terme – « *photographie* » –, si on dit ce qu'il signifie (avant d'entendre le sens de la préposition « de »), alors aussitôt l'appel essentiel de la philosophie par la photographie est entendu. Car « photographie » désigne, précisément, *un mode d'apparition*. Le premier trait qui détermine effectivement la photographie est que celle-ci de part en part *apparaît*, et qu'elle apparaît non comme un objet mais comme une manifestation, plus exactement comme une manière d'apparaître. Si donc il faut à la photographie la révélation philosophique, et s'il la lui faut principiellement, c'est parce que « photographie » est d'abord le nom d'une phénoménalité, appelant, comme telle, une phénoménologie.

Que dit d'ailleurs ce mot admirable à tous égards, ce mot qui donne à penser autant qu'à rêver : « *photographie* » ? Chacun le sait : *écriture de la lumière*.

2. Écriture de la lumière

Que signifie « écriture de la lumière » ?

La photographie n'est ce qu'on sait d'elle que sur le fonds de sa structure phénoménologique où elle puise son essence. On sait d'elle ceci : qu'elle est un procédé par lequel s'enregistre sur une surface sensible l'image rayonnante de l'objet présenté devant celle-ci ; ou, si on veut, qu'elle est une procédure techniquement mise en œuvre pour que s'inscrive et se fixe une apparence lumineuse dans un milieu optique ; ou encore, une opération de fixation d'un aspect visible projeté par la lumière sur un support d'enregistrement, etc. – mais elle n'est en effet ce procédé, ou cette procédure ou cette opération, que pour autant qu'elle est, premièrement, la condition les rendant possibles, et que son essence se décrit comme suit : *une écriture de la lumière.*

Encore faut-il s'entendre avec netteté sur les phénomènes désignés par ces termes. L'écriture dont il s'agit ici – cette *graphie* de la photo-*graphie*, ou, comme on disait volontiers au dix-neuvième siècle, ce « dessin » –, puisqu'elle est celle justement *de la lumière*, désigne une production de celle-ci par elle-même, *la venue de la lumière à son inscription fixée, la fixation de soi dans laquelle la lumière, en l'espèce, apparaît* : et ce nom d'*écriture* est donc ici celui d'un mode d'apparition, d'une phénoménalité. Or pour autant que la lumière arrive ici de cette façon (*photographie* étant le nom de cette arrivée), pour autant qu'elle se produit dans cette auto-fixation, dans cette écriture qu'on nomme une « photo », alors une *différence originaire*, ou, dit autrement, un *écart*, une *altérité* à soi, est l'essence de ce phénomène : la différence justement entre la lumière et sa propre écriture.

S'écrivant, se faisant graphie, la lumière engendre une image d'elle-même – une photo – qui est différente d'elle. Se fixant dans sa propre image, la lumière y arrive comme autre chose que soi. *Photographie* veut dire que la lumière qui écrit là, et qui là elle-même *s*'écrit, qui se produit à partir de soi en tant que cette écriture – s'éloigne de soi, se distingue de soi dans cette image où elle se fixe, devient son écriture où elle n'est pas *absolument* elle-même. Une photo n'est pas identique à la lumière qui l'a produite et qui s'y est produite. Comme l'a dit Walker Evans avec une belle sobriété : « La lumière est presque la photographie »[1] – mais *presque*, en effet. La graphie n'est pas identique au rayonnement qui lui donne d'apparaître, et qui lui-même, pourtant, s'y manifeste à partir de soi. L'écriture de la lumière, pour être lumineuse et engendrée par la lumière, n'est pas absolument la lumière.

Un écart de la lumière avec elle-même est l'essence de la photographie, ou aussi bien : *l'essence de la photographie est un écart.*

3. L'écart du monde

Or la thèse de la philosophie de la photographie s'énonce ainsi : *entre la lumière et son écriture, l'écart est celui du monde.*

Autrement dit, la différence entre la lumière et elle-même, entre ce qu'elle est en tant que lumière et ce qu'elle est dans son auto-apparition en tant qu'écriture – cette différence qui surdétermine la photographie, qui rend possible l'opération technique de production des photos et qui conditionne la visibilité même de celles-ci – est précisément la *différence du monde.*

« Monde », en effet, est le nom d'un milieu de visibilité où les phénomènes apparaissent comme constitués par une différence qui les y révèle comme tels. « Monde » ne désigne pas la totalité de ce qui est, ni la somme des choses de l'univers entier, ni celui-ci comme génération de cette somme, mais la visibilisation en

1. « Walker Evans », in Paul Cummings, *Artists in Their Own Words*, New York, St. Martin's Press, 1979, p. 95.

tant que telle, ce mode d'apparition selon lequel ce qui apparaît apparaît comme visible. Le monde s'ouvre, il est l'œuvre de son ouverture propre, il s'ouvre en tant que l'éploiement de la lumière permettant à ce qui s'y manifeste de s'y manifester comme il le fait, et, s'ouvrant, il creuse dans ses phénomènes cette différence qui les rend visibles. Le monde comme condition originaire de la visibilité est l'ouverture selon laquelle la lumière elle-même se produit, et selon laquelle, se produisant, elle peut se distinguer d'elle-même dans son auto-engendrement comme écriture. Le monde est la différence dans laquelle la lumière paraît, différenciant les phénomènes qu'elle éclaire, et qui la fait se différencier d'avec soi dans sa propre apparition comme graphie.

Parce que la photographie est un phénomène de la lumière, parce qu'elle trouve son essence dans l'*écart* où toute lumière s'éploie, elle est un phénomène du *monde*. Et cela veut dire : elle *tient* au monde comme à son essence que le monde lui confère, et son essence est celle du monde. Mais en outre il y a ceci que, mondaine, phénomène mondain, donnée au monde et par le monde, la photographie – lumière s'écartant de soi dans son image – est aussi et par excellence *cet apparaître extraordinaire où, justement, s'avère cette essence du monde qui est sa propre essence, où enfin se laisse voir, du monde, l'écart lui-même.*

4. La philosophie de la photographie

Non pas seulement un phénomène mondain parmi d'autres phénomènes mondains, et non pas seulement une manifestation de la lumière parmi d'autres, la photographie a par-dessus ses prestiges ceci surtout d'étonnant – et c'est son étonnant par excellence d'où proviennent tous ses traits plus ou moins étonnants – qu'outre ses images techniquement produites, outre ses photos, elle révèle la structure essentielle à laquelle elle est due, la structure essentielle du monde. *La photographie révèle le monde – et c'est dans son sens ontologique que cette proposition s'entend.*

Elle ne se contente pas, par exemple, de révéler positivement une image négative obtenue au fond de la chambre noire ; elle ne fait pas non plus que donner à voir des aspects objectifs qui sans elle demeurent non vus ; elle ne parvient pas seulement à ouvrir les yeux émerveillés ou ébahis, stupéfaits ou stupides, des spectateurs qu'elle réveille aussi de leur aveuglement ou qu'elle fascine de son éclat, etc. – bien plus : en amont de ces succès, au plan fondamental où c'est de sa possibilité principielle qu'il s'agit, où sa phénoménalité elle-même se met à l'œuvre, ce qu'il faut dire de son essence s'énonce comme suit :

S'accomplissant comme écart entre lumière et graphie, conformément à l'écart du monde qui lui donne en effet de s'accomplir ainsi, elle donne à voir ce monde radicalement, elle le donne à voir comme structuré conditionnellement par une différence augurale, et elle exhibe que cette différence est précisément celle à laquelle la lumière doit d'être visible, à laquelle le monde doit d'être monde. *Ontologique* est donc son pouvoir de révélation avant d'être ontique, et c'est pourquoi il est ontique aussi. L'apparaître de la lumière auquel est donné le nom de *photographie*, tel que la lumière ne s'y auto-engendre qu'en s'y différenciant d'avec elle-même, cet apparaître donne à voir non pas les seules images nommées « photos », mais le milieu de visibilisation auquel, en tant qu'apparaître, il est dû, soit le trait essentiel de sa possibilité comme structure de tout apparaître mondain, et comme essence du monde. La différence entre lumière et graphie – la *photo-graphie* –, révélant ontiquement les photos comme visibles, révèle ontologiquement le monde comme différence, différence fondamentale entre la condition des phénomènes et leur apparition. Non seulement conforme à la phénoménalité du monde et conditionnée par celle-ci, la photographie a en propre de manifester cette phénoménalité, de l'avérer comme cette différence où elle-même se produit.

C'est pour cette raison qu'il faut parler de « *la* » philosophie « *de* » la photographie. Outre que la photographie, étant par essence un apparaître, appelle principiellement la philosophie – pour autant que la tâche de la philosophie est de penser l'apparaître –, il y a surtout ceci qu'*elle est comme telle et d'elle-même philosophie* (privée de langage articulé mais non d'explicitation), en ce qu'elle donne à voir cette manifestation originelle à laquelle elle est due, qu'on nomme le monde. Le complément de nom, dans « la philosophie *de* la photographie », s'entend par conséquent dans les deux sens de la préposition « de ». Au sens objectif : la photographie appelle la philosophie qui la prenne pour thème. Au sens subjectif : la photographie révélant la révélation qui la produit, manifestant l'apparaître de la lumière auquel elle-même doit d'apparaître, la différence de la lumière comme cette différence à laquelle elle est due, exhibe la structure ontologique du mondain, l'essence du monde.

5. Phénoménologie du monde

Autrement dit la photographie, essentiellement, est une phénoménologie – la phénoménologie du monde[1].

D'une part elle donne à voir celui-ci ; d'autre part elle donne à voir la phénoménalité selon laquelle il se produit en tant que monde. Elle exhibe des phénomènes mondains ; elle s'exhibe comme phénomène mondain ; elle exhibe le mondain comme tel à partir de quoi les phénomènes du monde arrivent comme ils arrivent. La phénoménologie *du monde* – autrement dit le monde en tant qu'apparaître, en tant que sa phénoménalité s'accomplit dans l'éploiement de la lumière, en tant qu'il s'ouvre, et, s'ouvrant,

1. On verra plus loin, dans le dernier essai, sous le titre « Révélation du monde », que cette thèse peut se produire *du dedans* d'une œuvre photographique, celle en l'occurrence des Becher.

laisse s'éployer la lumière qui rend visibles ses phénomènes, en tant que visibilisation et en tant que la différence permettant celle-ci, le monde comme cette différence entre l'apparaître de la lumière et les phénomènes lumineux, comme cet écart ou cette distance entre le milieu de l'apparaître et l'apparaissant, entre lumière et graphie, entre lumière et apparence – s'expose et se laisse voir dans la photographie qui tient à elle, qui lui est due.

Qu'on veuille contempler comment le monde arrive et comment dans le monde arrive ce qui y arrive, et qu'on veuille contempler l'arrivée elle-même des phénomènes mondains, et le venir comme tel de toute venue mondaine – il suffit de voir une photo ! Car dans une photo, la photographie elle-même se montrant, montre l'apparaître lui-même de ce qu'elle montre. Une photo montrant sa propre apparition exhibe l'apparaître de toute apparition du monde, comme venir de toute venue au visible.

Par exemple : voici une photo ; on y voit ce qui s'y voit ; du coup, on y voit que ce qui s'y voit s'y est fixé comme lumière devenue autre que soi, devenue photo, écriture, métaphore différente de ce qu'elle métaphorise ; on y voit, donc, la métaphorisation elle-même, et que la lumière s'y métaphorisant ne donne à voir ce qui s'y voit qu'en vertu de sa métaphorisation ; bref, que la métaphorisation est l'œuvre de la lumière donnant ce qu'elle donne ; ou que la différence de la lumière d'avec soi dans ce procès de son écriture est ce qui y laisse voir ce qu'on y voit. Voici au total, dans cette photo, ce qu'on voit : la montée au visible, et qu'on y voit celle-ci dans son œuvre de montée – *or c'est cela qui se nomme le monde.*

Un phénomène du monde – la photographie – donne à voir la phénoménalité à laquelle il ressortit, la phénoménalité du monde. Il donne à voir ce donner lui-même de la venue au visible à laquelle il est dû. Car tel est le monde : un donner à voir, la condition originaire de toute visibilisation, l'essence de la lumière. *La photographie est phénoménologique de part en part* : non seulement elle est un apparaître, mais son apparaître qui est celui-là même du monde s'y fait voir comme tel, comme différence de la lumière d'avec soi ; ainsi montre-t-elle le faire voir essentiel auquel sont dus les phénomènes mondains.

6. La merveille des photos

Il convient d'expliquer de cette façon la fascination que la photographie exerce sur tous et sur chacun, toujours et partout, depuis sa première arrivée et encore aujourd'hui, et qu'elle exercera demain, son extraordinaire pouvoir d'enchantement, ou d'ensorcellement, ou de harcèlement, qu'on ne peut que lui reconnaître, sa force sans pareille – que le cinéma qui dépend d'elle n'a pas, et que même la télévision et les autres simulateurs qui dépendent d'elle, et qui reconduisent sa structure essentielle, n'ont pas –, sa force de séduction et de persuasion et parfois d'intimidation, sa capacité à chaque instant intacte d'émotion et de suscitation, son autorité, son charme, sa domination universelle sur les regards, sur les mémoires et sur les esprits depuis qu'elle existe, sa puissance qui est la plus haute, vraiment *sublime* – c'est le mot – puisqu'elle subjugue le jugement, obtient l'assentiment ravi, mobilise les consciences et les corps, sculpte l'histoire selon ses vues et oriente selon son idée le cours de nos biographies, enfin sa tyrannie telle un destin.

Il convient de l'expliquer de cette façon.

Parce que les photos ne montrent pas uniquement ce qu'elles montrent ; parce que l'aspect qu'on voit en chacune n'est pas uniquement ce qu'elle donne à voir ; parce qu'en revanche les photos montrent le montrer lui-même de la lumière qui s'y écrit, et parce que chacune donne à voir le donner à voir comme tel en lequel elle s'accomplit elle-même comme apparition conforme à l'apparition du monde, laquelle y apparaît comme nulle part – alors, oui, ces images sont « merveilleuses », on l'a dit et répété à satiété dès le début de leur arrivée dans l'histoire humaine, et on le répétera aujourd'hui et toujours, merveilleuses comme nulle autre sorte d'image ne peut l'être jamais, merveilleuses de montrer ceci qu'on ne voit nulle part : le montrer lui-même comme tel, autrement dit *merveilleuses de manifester la manifestation conditionnelle où tous les phénomènes mondains trouvent leur essence.* Merveille de ces images : que le merveilleux à l'état pur, qu'ailleurs on ne voit jamais, ici paraisse, que la phénoménalisation du visible – et non seulement une vue – ici elle-même se montre !

Ce fait : la photographie est un phénomène *merveilleux* et les photos sont de *merveilleuses* images, que signifie qu'il faille, devant chaque image, l'éprouver ? L'étonnant de telle photo ou de telle autre, le surprenant qui vient et qui survient d'elle, et qui bouleverse son spectateur, l'extraordinaire qu'elle expose et dont on découvre, en cette exposition, qu'on ne l'avait jamais vu, c'est bien ceci : elle exhibe, outre l'apparence visible en sa surface, outre les formes ici fixées, outre les valeurs, les contrastes, les détails, somptueusement ou grossièrement captés, outre le visible – déjà saisissant –, la visibilisation par laquelle cette vue se fait visible, l'apparaître en vertu duquel toute apparence vient à la vue, l'écart lui-même de la lumière.

La merveille des photos est leur philosophie soudaine, radicale, illuminante : leur monstration dans la lumière écrite, de la lumière s'écrivant.

7. Les noms de la merveille

Comment nommer cette philosophie *de* la photographie ? Autrement dit : comment nommer la photographie elle-même pour autant qu'elle s'accomplit comme cette philosophie, et ne peut pas ne pas le faire ?

Les premiers hommes qui ont vu cette merveille, qui l'ont vue de leurs propres yeux, ont compris la difficulté et ont beaucoup hésité : ils ont trouvé des solutions, les unes médiocres et d'autres excellentes, les unes et les autres n'ont pas été gardées – effacées toutes par le nom de « photographie ». La plus médiocre solution aura été « daguerréotype », qui combine le nom d'une personne – Daguerre, artiste et entrepreneur, l'un des inventeurs du phénomène – et le mot « type », en une combinaison douteuse où l'arrogance narcissique (laquelle trouvera toujours dans la photographie sa complice empressée) s'ajoute à la cuistrerie du potache. Une admirable idée avait pourtant été conçue par l'associé de Daguerre, l'astucieux Niépce, du temps qu'il travaillait seul à l'invention, et c'était de l'affubler d'un nom compliqué, aussi compliqué que les manipulations qu'elle exigeait alors : la « physautotypie ». Ce mot-ci se gonfle un peu trop laborieusement de concepts hérités du siècle des Lumières, mais il confesse ainsi la gestation lente de l'invention dans la science et même précisément dans les pages illustres de l'*Encyclopédie*. « Physautotypie » veut dire : auto-engendrement de la nature, arrivée par soi de la réalité naturante à sa forme naturée, ou, comme dirait peu après Villiers de l'Isle-Adam (le plus grand penseur, peut-être, de la photographie, avec Proust), « dédoublement de la nature à l'aide de la sublime lumière »[1]. Auprès de quoi, le nom finalement retenu par Niépce était moins fort : son « héliographie », un peu fétichiste, éblouie, pointait le soleil au lieu de la lumière, et donc n'allait pas bien. C'est admirable qu'à la fin « photographie » fut celui qu'on garda.

Au moins trois suggestions se laissent dégager de ce nom parfait. D'une part, cette écriture de la lumière est une *écriture grecque*. D'autre part, la phénoménalité du monde à laquelle elle tient et qu'elle révèle comme telle est celle de ce qui apparaît dans

1. Villiers de l'Isle-Adam, *L'Ève future*, *Œuvres complètes I*, Gallimard, « Bibliothèque de la Pléiade », Édition de A. Raitt et P.-G. Castex, 1986, p. 836.

l'espace à la façon des corps célestes, des lointains luminaires et des distances cosmiques, c'est la phénoménalité d'un *là-bas*, d'un dehors, dont les phénomènes arrivent *par l'extériorité*. Enfin, la photographie est par essence une *redondance*.

Il faut recueillir ici ces trois suggestions et les poser successivement comme thèses véritables.

8. L'ÉCRITURE GRECQUE

Grecque, l'écriture de la lumière ne l'est pas seulement par son nom. Grecque, elle l'est, comme son nom l'indique, par le fait de son essence qui est l'écart du monde, cette distance selon laquelle, s'écrivant, elle se distingue de soi, cette auto-manifestation qui la fait de lumière devenir écriture. Car se manifestant ainsi, elle est un *phénomène* au sens grec de ce mot dans la pensée philosophique – un phénomène posé là devant, ou une visibilité, ou un objet. Dans cette écriture la lumière s'objective, elle s'expose au regard qui la perçoit comme apparence, qui l'intuitionne et qui la vise comme tout aspect visible, elle se propose comme cette lumière sur les murs et dans les jardins et au ciel d'Athènes parmi lesquels les Grecs, jadis, l'ayant vue, ont institué leur philosophie en tant que *théorie*, regard, contemplation. Grecque en ce sens fondamental : *en tant qu'objectivation théorique*.

Mais la photographie, en outre, n'arrive pas seulement en tant qu'écriture ; elle arrive, en amont, comme l'arriver lui-même de cette écriture en laquelle elle s'objective. Phénoménologique de part en part, donnant à voir le donner comme tel de tout voir possible, elle est grecque originairement en ce sens : *en tant que philosophie*.

La philosophie de la photographie est celle qu'ont inventée les Grecs, celle qui pose pour préalable que les phénomènes ne sont et ne peuvent être que des visibilités, celle dont la présupposition avant toute thèse, dont la condition avant toute énonciation, dont l'origine transcendantale s'énonce comme suit : si les phénomènes sont des visibilités, si rien ne peut apparaître qui ne se laisse voir, si l'apparaître de toute apparition est nécessairement la visibilisation en vertu de laquelle le réel est un monde, le monde un spectacle, et la pensée une théorie, c'est parce qu'il n'est de réalité ultime qui ne soit Idée, c'est-à-dire Aspect, autrement dit c'est parce que l'essence de ce qui se manifeste est lumière. Il n'y a pas de différence essentielle entre la philosophie qu'ont inventée les Grecs et la photographie. On peut nommer celle-là une photographie sans photos (mais non sans regard), et celle-ci une philosophie sans voix (mais non sans écriture).

9. L'extériorité

Parce que la phénoménalité du monde est celle de la lumière ; parce que la lumière se distingue de soi dans sa projection, rendant possibles les phénomènes mondains ; parce que ces derniers ne peuvent apparaître que différents de la lumière qui les projette, et différents entre eux, et tels que chacun y diffère de soi dans son apparence distincte de son mode d'apparition ; et parce que la photographie rejoue cette phénoménalité qu'elle donne à voir ; alors la photographie, l'autoproduction de la lumière dans son écriture mondaine, projette *loin de soi* ce qu'elle projette, objective ses objets comme *éloignés* d'eux-mêmes, phénoménalise ses phénomènes tels des astres *lointains*, des scintillements célestes *là-bas* distants, des aspects extérieurs. La photographie comme philosophie grecque expose dans un *dehors* ce qu'elle produit, elle extériorise ce qu'elle donne à voir – et *parce qu'elle le donne à voir*, elle le jette au monde c'est-à-dire à l'extériorité, laquelle la détermine inexorablement.

« Extériorité » est l'autre nom du monde. Car « extériorité » désigne le milieu de visibilité par l'essence duquel les phénomènes qu'il livre apparaissent comme visibles, c'est-à-dire distants, lointains, s'écartant les uns des autres et se différenciant d'eux-mêmes dans leur venue, se livrant dans ce dehors où ils puisent leur structure. Le « monde extérieur » (il n'y en a pas d'autre) est ce milieu où la photographie paraît, où elle fait paraître les phénomènes photographiques et où paraît aussi son mode propre d'apparaître, ce monde comme extériorisation, comme exhibition et comme *dehors*.

Écriture de la lumière, si la photographie jette – au monde – des apparences extérieures, des graphies dans lesquelles elle s'extériorise, des photos mondaines du monde, des images extérieures de l'extériorité, c'est parce qu'elle ne peut faire autrement, le faisant comme se fait le monde, par cette ouverture de la lumière qui l'ouvre elle-même au dehors et qui lui permet de s'y écrire. C'est structurellement que les photos sont des objets jetés *au loin*, qu'elles se montrent au lointain où nos regards les atteignent, et qu'elles ne peuvent exposer que des aspects tout *là-bas*. C'est par une prescription originaire de son essence que la photographie comme métaphorisation de la lumière jette celle-ci loin d'elle-même dans ses photos où sont projetés des objets, des mondanités, des figures externes.

C'est le destin de la philosophie grecque, puisque la photographie n'est fondamentalement pas autre chose que cette philosophie, d'accomplir son idée originelle dans de telles *extériorités* de la lumière qui s'y projette – dans ces photos qui sont *du dehors* et ne peuvent être rien d'autre.

10. La redondance

Cela dit, que l'écriture de la lumière soit extérieure autant que grecque ; qu'elle accomplisse cette philosophie qu'ont inventée les

Grecs, dont le préalable est la détermination des phénomènes comme visibilités ; et qu'elle donne à voir le donner à voir du monde, exposant non pas seulement des photographies, mais, en elles, la visibilisation selon laquelle les visibilités se produisent – cela conduit à la dire *redondante*.

Elle *redouble* en effet la phénoménalité du monde, elle la reconduit en y obéissant et en la montrant. Or il s'ensuit ceci que la photographie donnant à voir cette phénoménalité dont elle procède, en manifeste la structure et les modes : et le monde, du coup, est bel et bien *révélé* par elle – non pas d'abord parce qu'elle en montre des aspects dans ses photos, non pas simplement parce qu'elle en exhibe des apparences, mais parce qu'elle en expose l'apparaître comme tel auquel elle ressortit et qu'elle relance. Le monde est manifesté par la photographie en tant que cette phénoménalité qui est la sienne – la *sienne à lui* et identiquement la *sienne à elle*.

Elle montre donc ceci : que le monde lui-même arrive comme elle arrive, comme écriture de la lumière. Elle manifeste le monde conformément à sa manifestation propre : il est lui aussi, lui d'abord, cette ouverture de la lumière ouvrant l'horizon où elle se donne à voir, s'ouvrant comme horizon, se donnant à voir dans son auto-objectivation, il est cette projection par soi de la lumière dans son écriture où elle s'écarte de soi, où elle se produit et, se produisant, s'oppose devant soi. *Le monde tel que manifesté par la photographie, c'est-à-dire manifesté par cette redondance qui rejoue son mode de phénoménalisation, est une photographie, une métaphore de la lumière.*

Comme redondante, la photographie est cette philosophie mondaine (conditionnée par les conditions du monde) où le monde trouve l'exhibition de sa condition propre. La redondance de la photographie, extériorisant l'extériorité, projetant la projection, objectivant l'objectivité, *philosophant donc comme ont philosophé les Grecs*, est par conséquent *un savoir* – le savoir même que la philosophie a institué, savoir mondain du monde entendu comme lumière, ou, identiquement, savoir lumineux (théorétique) de la lumière entendue comme monde.

La redondance comme savoir, ce savoir comme philosophie de la photographie, et cette philosophie enfin comme science universelle des visibilités – c'est ce qu'il faut ici finalement décrire.

II. Le savoir

La philosophie de la photographie sait le monde dont elle rejoue la phénoménalité, mais elle ne le sait que comme la philosophie grecque peut le savoir : comme objectivation des objets mondains par la lumière. Il est vrai que de cette façon, elle le sait peut-être mieux qu'aucune philosophie ne l'aura jamais su, et c'est aussi pourquoi les photos sont fascinantes, qui montrent les objets plus précisément, plus exactement et surtout plus énigmatiquement qu'aucun discours théorique. Mais cela n'empêche : c'est comme *théorie* elle-même qu'elle le sait, regard seulement plus lumineux, écriture seulement plus parfaitement théorique, et objectivité plus redondante que celle même de la science dont elle est la plus fine pointe et la meilleure machine. Le savoir de la photographie est essentiellement *la science*. Ce savoir ne sait qu'à la façon dont la science sait, c'est-à-dire sur le fonds de cet horizon des visibilités mondaines qu'elle reconduit dans ses vues, sur le fonds de la différence entre le sachant et le su, de la distance entre le montrant et le montré, de *l'écart du monde* où ce dernier paraît. Ce savoir est *objectif* en vertu de l'*appareil* si bien nommé – préparé à veiller, à sur-veiller, apprêté pour la théorie de ce qu'il verra –, appareillé de l'« objectif » qui objectivera *une deuxième fois* les objets déjà objectivés dans la lumière, reproduits alors par son entremise technique (par sa médiation, son milieu, son écart propre) comme des visibilités écrites (des « photos ») différentes de leur manifestation augurale. La condition de possibilité du savoir photographique est la différence mondaine entre lumière et écriture.

De sorte qu'il arrive avec ce savoir ce qui arrive pareillement dans toute saisie *théorique* du monde : celui-ci n'y apparaît que comme aspects – « vaines formes de la matière », pour le dire encore une fois avec Mallarmé –, objets désespérément posés là-devant, *ob-jets*, nuées lointaines jetées aux surfaces du monde, jetées extérieures et mesurables, images à jamais *là-bas*, et déserts du dehors des images. La photographie qui aura fait la déréliction de Mallarmé (on comprend pourquoi) risque bien de faire le malheur (autant que la fascination) de la conscience : ce qu'elle montre est l'univers réduit à l'objectivité, à la mesurabilité géométrique, aux apparences en lesquelles il paraît quand c'est la lumière qui l'éclaire, la lumière indifférente à ce qu'elle éclaire.

Ce savoir n'est pas *pour nous*, n'étant pas *de quelqu'un* ; il n'est pas celui d'un individu vivant, d'un être réel, et n'est pour personne (puisqu'il est de l'appareil).

Ce savoir où s'accomplit le concept de la science tel que l'a inventée la philosophie occidentale, et où se parachève l'indifférence entre l'instance théorique et l'objet de la théorie parce que s'y intensifie (à mort) l'écart entre le connaissant et le connu (entre l'homme et le monde), c'est à lutter contre lui que devra s'employer une *autre* philosophie – s'il en est une –, une philosophie non grecque, *non photographique*.

III. La passion de l'image

POUR AUTANT qu'une lecture aussi fidèle que possible à la pensée de Dostoïevski puisse désigner dans *L'Idiot* (l'un des plus beaux livres de la bibliothèque occidentale) la question au tourment de laquelle le grand écrivain russe a risqué sa magnifique énergie, la question *initiale* d'où son œuvre entière a puisé sa génialité, alors c'est sûrement cette question-ci qu'il faut retenir, qu'il faut relire et ré-entendre, formulée par Hippolyte Terentiev :

> Est-il possible de percevoir dans une image ce qui n'a pas d'image[1] ?

Montrer que telle est la question de *L'Idiot*, et le montrer de sorte qu'on comprenne la raison pour laquelle c'est Terentiev qui la formule et non pas un autre personnage, non pas même le prince Mychkine dont elle nourrit aussi l'angoisse, c'est ce que peut une lecture étayée sur une première remarque simple, une

1. *L'Idiot*, dans Dostoïevski, *Crime et Châtiment, Le Joueur, L'Idiot*, romans traduits du russe par André Markowicz, Actes Sud, « Thesaurus », 1996, 1991, 1993, p. 1138. Toutes les références des citations de *L'Idiot* renverront à cette édition – à cette magnifique traduction – désormais désignée par le titre du roman suivi du numéro de page.

remarque pourtant très rarement faite dans l'histoire de la réception du livre et en tout cas jamais méditée sérieusement, à savoir que *tout*, dans ce roman, commence par une photographie – toute cette passion qui jette l'un contre l'autre le prince et Rogojine, toute la haine, la pitié et la guerre amoureuse qui font que s'affrontent et se comprennent le prince et Terentiev, Nastassia et Aglaïa, Gania et sa sœur, Rogojine et le prince, toute la violence intersubjective dans l'affolement vertigineux d'une société ravagée, *commence par une photographie*.

Car la rencontre, au début du récit, de Mychkine et de Rogojine dans le train qui les conduit à Petersbourg, et la conversation qu'ils y ont d'emblée sur Nastassia Filippovna – « dans son genre, une princesse »[1] – ne suffisent pas encore à bouleverser le prince du même désir que son interlocuteur, ni donc à féconder sa passion pour cette femme qu'il n'a jamais vue. Ce n'est que juste après l'arrivée des voyageurs par ce train du hasard, qu'un *second* hasard, mais décisif celui-ci, donne à Mychkine, à peine débarqué chez les Epantchine, de voir cette image qui le frappe aussitôt, ce portrait qui déterminera désormais son destin, une photographie « de grand format » de cette jeune femme, justement, dont Rogojine vient de lui parler :

> Ainsi, voilà Nastassia Filippovna ? murmura-t-il, après avoir posé sur le portrait un regard attentif et curieux. C'est étonnant comme elle est belle ! ajouta-t-il tout de suite avec ardeur[2].

Alors – *alors seulement* – la passion du prince, cette passion au fond la même que celle de Rogojine, et qui leur sera fatale, qui les emportera, lui et son rival, et cette jeune femme étonnamment belle, vers la catastrophe de leur triple malheur, cette passion touchant aussi la famille Epantchine et ceux qui gravitent autour d'elle, biaisant l'amour du prince pour Aglaïa, et qui va

1. *L'Idiot*, p. 704.
2. *Ibid.*, p. 726.

attiser et lacérer l'amour d'Aglaïa pour le prince, cette passion de Mychkine est née de cette photo.

Par conséquent, la question fondamentale du livre : *est-il possible de percevoir dans une image ce qui n'a pas d'image ?*, pour autant qu'elle régit les mouvements du récit, qu'elle anime les figures de son développement et la courbe de son rythme, ce n'est pas seulement Terentiev qui la pose, et ce n'est pas seulement devant la reproduction du tableau aperçu chez Rogojine – le *Christ mort* de Holbein – qu'elle s'articule ; car elle se pose d'abord à Mychkine. Avant qu'il l'entende parmi les propos de Terentiev, elle lui vient comme sa question propre par le truchement non pas d'une iconographie et d'une référence illustres, mais par celui d'une photographie on ne peut plus ordinaire, par rien qu'un portrait en noir et blanc d'une femme inconnue, sans autre référence qu'à cette personne qu'elle représente. *Le plus grand livre de Dostoïevski commence par une photo.* Et s'il est vrai que c'est l'interprétation du tableau de Holbein qui permet à ce livre, dans ses hautes pages théologico-religieuses, d'expliciter sa question fondamentale, celle-ci n'en est pas moins à l'œuvre dès l'entrée de Mychkine dans l'aventure de sa passion, dès que ce portrait photographique lui est tombé par hasard sous les yeux. C'est ainsi que *L'Idiot* est la méditation de *deux* images, et non d'une seule[1].

1. S'agissant de la reproduction du *Christ mort* de Holbein suspendue chez Rogojine, voici pour mémoire ce qu'en dit le narrateur : « Au-dessus de la porte qui donnait sur la pièce suivante était accroché un tableau à la forme assez étrange, long de presque un mètre soixante-quinze, et haut de seulement trente centimètres. Il représentait le Sauveur juste descendu de croix. Le prince ne fit qu'y jeter un coup d'œil, comme si quelque chose lui revenait en mémoire, mais sans s'arrêter, et il voulut sortir » (*L'Idiot*, p. 931). Et un extrait de ce qu'en dit Terentiev : « Ce tableau, il représente le Christ à peine descendu de croix. [...] il n'y a même pas une allusion à de la beauté [...]. Ici, sans qu'on le veuille, il vous vient cette idée que, si la mort est tellement monstrueuse, et les lois de la nature tellement terribles, alors, comment les surmonter ? » (*ibid.*, p. 1137-1138). C'est devant ce tableau qu'a lieu l'échange capital – le centre absolu du livre – entre Mychkine et Rogojine : « – Quoi ? ce tableau ? s'écria soudain le prince, sous l'impression d'une idée brusque. Ce tableau ? Mais, ce tableau, il serait capable de vous faire perdre la foi. / – Oui, ça peut se perdre, confirma brusquement Rogojine, d'une façon surprenante » (*ibid.*, p. 932). Voir sur Holbein, Oskar Bätschmann et Pascal Griener, *Hans Holbein*, Gallimard, 1997, où reproductions et bibliographies sont excellentes. Et sur toute cette affaire, J. Thélot, *L'Idiot de Dostoïevski*, Gallimard, 2008.

Que signifie donc ce fait, qu'avant qu'apparaissent dans le récit la peinture de Holbein et son interprétation, c'est à une photo anonyme qu'il revient de symboliser sa question décisive ? Et quels rapports entretiennent littéralement et spirituellement ces deux images, le portrait photographique et le tableau religieux, l'une et l'autre investies d'une énorme fonction ?

1. La passion de l'image

On sait que souvent chez Dostoïevski, comme Proust l'a fait remarquer, les conséquences d'une situation sont présentées avant la situation elle-même et avant ses causes, de sorte qu'une « illusion » d'abord nous frappe, que dénoue peu à peu le travail du récit. Il en va ainsi dans *L'Idiot*, dont la scène vraiment inaugurale, celle précisément de la confrontation entre Mychkine et ce portrait photographique de Nastassia, est ensuite ramifiée dans les innombrables péripéties du récit, lesquelles sont chargées non pas d'en résoudre l'énigme, mais d'en expliciter les réserves symboliques. Cette scène se produit chez les Epantchine, entre le bureau du général et les appartements de la famille, lorsque le prince tout à coup « pensif », regardant de nouveau le portrait déjà vu, ayant « comme envie de découvrir ce qui se cachait derrière ce visage, et qui l'avait tant frappé tout à l'heure », et plus saisi alors « par sa beauté et par encore quelque chose d'autre », soudain, et sans qu'il sache pourquoi, porte à ses lèvres cette photographie, et l'embrasse :

> Le prince l'observa une bonne minute, puis il se reprit soudain, regarda autour de lui, porta très vite le portrait à ses lèvres, et l'embrassa[1].

1. *L'Idiot*, p. 780.

C'est à comprendre le sens de ce geste impréparé, imprévisible et d'abord incompréhensible, que sont consacrées les sept cents pages du roman. De même qu'on a pu dire, à raison, que tout le récit de *Crime et Châtiment* consiste en une progressive élucidation des raisons du crime de Raskolnikov[1], de même doit-on dire que tout le récit de *L'Idiot* déploie non seulement les conséquences de ce baiser initial, mais aussi ses motifs plausibles graduellement révélés. Mais si donc ce portrait de Nastassia Filippovna est la matrice du livre entier, il convient de décrire ici la nécessité du rapport entre la passion qu'il suscite et son support photographique.

D'abord le portrait a été demandé par Gania Ivolguine à Nastassia (laquelle ne lui a pas demandé le sien en retour) comme signe susceptible d'anticiper favorablement sur le consentement qu'il attend d'elle le soir même (mais qu'elle refusera violemment) de l'épouser enfin. Ici la photo supporte sa fonction symbolique usuelle au XIXe siècle d'un témoignage d'affection déclarée entre ceux qui l'échangent. Si en l'occurrence Nastassia, reconnaissant cette fonction du partage des images, donne à Gania son portrait mais ne songe pas à réclamer celui du jeune homme, c'est parce qu'elle n'accomplit que la moitié du chemin, et qu'elle brise d'emblée ce partage symbolique, faisant de sa photo, du coup, une donnée non pas *sym*-bolique mais à proprement parler *dia*-bolique, une figure défigurée de son refus. Or il ne fait aucun doute que pareil échange *dia*-bolique, pareil déni de réciprocité, c'est, parmi toutes les sortes d'images, la photographie qui est le mieux susceptible de l'accomplir. Car la photographie, c'est là l'un de ses traits spécifiques, s'échange facilement, se transporte, se passe de mains en mains sans encombrement, elle se laisse toucher, prendre,

1. Voir en particulier Joseph Frank, *Dostoïevski. Les années miraculeuses (1865-1871)*, Actes Sud, 1998, p. 157-224 ; et l'article de Marlène Zarader, « La dialectique du crime et du châtiment chez Hegel et Dostoïevski », dans *Les Cahiers de la nuit surveillée*, n° 2, *Dostoïevski*, Verdier, 1983, p. 141-159.

reprendre, et sans désagrément se laisse emporter de lieux en lieux, où la manipuleront ceux qui la veulent. La photographie supporte l'accroissement des échanges, la multiplication des réciprocités symboliques, et donc, inversement, de la part d'une Nastassia, elle est l'image adéquate à la possibilité de refuser celles-ci.

Ensuite, et en vertu de cette transportabilité et de cette manipulabilité, le portrait de Nastassia est montré par Gania au général, puis, par eux deux, au prince (c'est l'occasion pour ceux-là de découvrir, surpris, que le prince a déjà entendu parler de la jeune femme) ; puis aussitôt, Mychkine osant comparer devant la générale et devant ses filles la beauté d'Aglaïa à celle de Nastassia, le portrait est tout de suite réclamé par ces dames (« Je veux le voir ! s'écria la générale[1] »), de sorte qu'il circule, porté par Mychkine, il quitte le bureau du général pour les appartements de la famille (et c'est ainsi que Nastassia la réprouvée, la souillée, cette « créature » perçue socialement comme fille publique, pénètre en image dans l'espace privé, apparemment convenable, de la bonne famille où elle fera des ravages) ; et le voici qui passe d'un regard à l'autre, suscitant des commentaires (« Une beauté pareille, c'est une force, dit avec fougue Adelaïda, on pourrait retourner le monde avec une telle beauté ! »), lesquels expriment la tonalité affective de chacun des personnages (la générale admet l'inadmissible : « Oui, elle est belle, murmura-t-elle enfin, très belle, même » ; le prince recule dans son angoisse : « Dans ce visage [...] il y a beaucoup de souffrance, murmura le prince comme sans le vouloir, comme s'il se parlait seul » ; et Aglaïa déjà rétive se renferme, ne jetant « qu'un coup d'œil au portrait »[2]).

Mais le portrait photographique ne permet pas seulement que Nastassia, quoiqu'interdite de franchir les seuils bourgeois, et proscrite par le *respect*, comme on dit, *des apparences*, entre tout de même chez les Epantchine ; il permet aussi, dès après cette

1. *L'Idiot*, p. 778.
2. *Ibid.*, p. 781.

rencontre, qu'elle entre en outre, le même jour, dans la famille de Gania, où cette image annonciatrice de tant d'indignités est reçue comme ce qu'elle est, la pourvoyeuse en fascination, l'ange du scandale et du malheur. La sœur de Gania, « sans dire un mot, […] tendit à sa mère le portrait de Nastassia Filippovna. Nina Alexandrovna fut prise d'un frisson et, d'abord comme avec frayeur, puis avec une sensation d'amertume toujours plus forte, elle l'observa un certain temps »[1]. On voit très bien dans cette reconduction chez les Ivolguine de ce qui s'est produit juste auparavant chez les Epantchine, le parti que Dostoïevski sait tirer du support photographique qu'il a imaginé pour ce portrait fatal. Transportable, la photographie apporte aux bonnes familles la mauvaise nouvelle de leur destin ; elle seule peut faire pénétrer l'étrangère dans le cercle normé des foyers qu'elle perturbe ; elle seule peut s'introduire parmi les valeurs établies en messagère du désordre. Sans sa photo, jamais Nastassia n'aurait passé les portes qui lui sont interdites. C'est la définition même du *romanesque* : l'immixtion d'une nuit dans les certitudes du jour, l'arrivée du dehors dans les maisons fermées.

Mais cette fonction narrative du portrait – à savoir qu'il fait que les personnages en ce début du récit sont accompagnés ou plutôt comme poursuivis, où qu'ils aillent, par l'image du coup obsédante de la femme aussi belle que scandaleuse – se trouve aussi servir sa fonction symbolique. Car ce passage de mains en mains de la photo, cette circulation et cette manipulation qu'elle permet, et ces regards fascinés et craintifs qu'elle provoque et renouvelle de spectateur en spectateur, tout cela métaphorise la condition sociale de la femme réelle ici représentée, sa condition, du moins, telle que l'ordre mondain la lui inflige, de femme publique ou supposée telle, sur laquelle les mains bourgeoises se posent – Totski qui l'a violée adolescente, Rogojine qui rêve de la posséder

1. *L'Idiot*, p. 799-800.

immédiatement, ou encore Gania et le général Epantchine qui projettent de *l'avoir* à leur tour. Le support du portrait permettant qu'il soit *pris* par chacun, symbolise que la jeune femme ici représentée ne s'appartient pas, *objet* qu'elle est du désir bourgeois et des rapacités du monde, lequel la réifie autant que l'exclut. Si bien que cette photographie symbolise subtilement cette condition servile à laquelle le monde identifie Nastassia et à laquelle il la voue, la condition de prostituée. Plus on peut toucher et voir l'image photographique, comme Totski a touché et a vu le corps réel de la jeune femme, plus cette dernière est identiquement désirée et réprouvée, à la fois manipulée et *intouchable*. Nastassia en devient ce corps fantasmatique que prête à Dieu l'imaginaire superstitieux : ce corps qui, en tant qu'image, appartient à tous et à chacun, mais qui, en réalité, demeure toujours absent. *Photographique de part en part*, Nastassia apparaît désormais comme l'être simultanément le plus exposé et le plus intouchable, ou, comme dit Baudelaire au sujet de Dieu, « l'être le plus prostitué »[1].

Au total, c'est d'une idolâtrie contagieuse que sont atteints les principaux personnages du récit (sinon tous, c'est à voir), atteints d'une passion commune, alimentée en chacun par le modèle des autres, d'une passion dont c'est la tâche de ce portrait de révéler la vraie nature, de la désigner en son fonds comme *passion de l'image*. D'où la donnée primordiale du roman, qui se laisse décrire de la façon suivante.

Si Nastassia apparaît d'abord en image, et en effet ne peut apparaître autrement, au beau milieu des convenances et des bienséances de façade, si ce n'est donc qu'en photographie qu'elle est d'abord visible par le monde, cela signifie en profondeur qu'elle-même, en son être individuel interdit de paraître, *est toujours déjà prise pour une image*, est réduite à ses apparences délectables, privée du droit d'être quelqu'un, interdite non seulement d'entrée

1. Baudelaire, *Mon cœur mis à nu*, *Œuvres complètes*, *I*, Gallimard, « Bibliothèque de la Pléiade », Édition de Claude Pichois, 1975, p. 692.

dans les appartements, mais de réalité propre, condamnée au masque qu'on a posé sur son visage. Nastassia, enfermée depuis sa première adolescence au tombeau des plaisirs pris sur elle par Totski, est de toujours séquestrée dans sa propre image, acculée à subir ce qu'on appelle sa beauté, vouée à disparaître en réalité sous sa forme extérieure. Dans la villa de Totski, subissant les outrages et les viols, elle a été placée pour figurer comme le bijou dans un écrin, image exaltée parmi les autres images lui servant de décor, parmi « des tableaux, des estampes, des crayons, des pinceaux, des couleurs »[1]. Tel est le péché originel selon *L'Idiot*, ou, comme dit la traduction d'André Markowicz, le « destin défiguré »[2] de Nastassia : on a mis cette personne au tombeau de l'image, on l'a identifiée, toujours déjà, à sa photographie.

Et c'est le romanesque, de nouveau, qui s'ensuit : à savoir les résistances de Nastassia à cet enfermement, ses tentatives de sortie hors de son propre portrait, pour autant que *romanesque* veut dire la survie du visage sous le masque, le recommencement de la liberté, l'invention de soi par laquelle l'individu déchire la photographie qu'il est devenu. « Nastassia » est le nom étymologique de cette aventure en profondeur métaphysique, puisqu'il s'y agit bien, dans le tombeau de l'image, d'une « résurrection ». D'où l'éclat extraordinaire de cette jeune femme qui troue ses formes par son indocilité, et dont le sursaut de volonté enfièvre les apparences. C'est ce que Totski appelle justement, avec un étonnement que parodie le narrateur, « une romanesque indignation contre Dieu savait qui et pour Dieu savait quoi »[3]. Excentrique par protestation, extravagante par irrésignation, et même « capable », pour ne pas demeurer la proie de son portrait, « de se détruire entièrement », Nastassia toujours plus étonnante et *sublime* de cette indignation grandissante, devient toujours plus *romanesque* :

1. *L'Idiot*, p. 738.
2. *Ibid.*, p. 746.
3. *Ibid.*, p. 740.

> On y pressentait un peu comme une espèce d'obscurité profonde et pleine de mystère [...] elle devenait d'une pâleur terrible et – bizarrement – elle en était encore plus belle[1].

2. L'être et l'apparence

La scène inaugurale du livre et l'alternative spirituelle qu'elle indique peuvent recevoir en ce point leur élucidation.

Est-il possible de percevoir dans une image ce qui n'a pas d'image ?, autrement dit : *Est-il possible que le prince Mychkine, quand il embrasse la photo de Nastassia, rencontre ce que tous les autres personnages du récit méconnaissent, à savoir l'être propre de la jeune femme, la réalité individuelle de son visage intérieur, et non pas rien que sa belle apparence, rien que son masque identique à sa photographie ?*

Or cette question transpose dans un milieu pétersbourgeois du XIXe siècle celle à laquelle, selon Terentiev, les disciples du Christ ont été confrontés, jadis, lorsqu'ils ont dû constater que leur maître, après les heures de sa passion, fut réduit au cadavre – à ce cadavre que Holbein a représenté dans son tableau, le *Christ mort*, à cette matière insensée et sans gloire de son corps déchu, « vaine forme de la matière »[2]. Car l'apparence du Christ mort, et la représentation de celle-ci par la peinture réaliste reproduite chez Rogojine, ne lancent à la foi un défi, ne mettent en cause la croyance des disciples en la divinité de leur maître, que pour autant que dans ce cadavre, et dans l'image le reproduisant, rien d'autre que la nature aveugle ne se laisse percevoir, nulle promesse d'immortalité, aucune possibilité pour l'esprit de transcender jamais la finitude du corps. Et il en va de même s'agissant de Nastassia :

1. *L'Idiot*, p. 741.
2. C'est la troisième fois que ce propos est cité dans cet ouvrage. Il est temps d'en produire la référence : Mallarmé, lettre à Henri Cazalis du 28 avril 1866, dans *Correspondance, Lettres sur la poésie*, Gallimard, « Folio classique », 1995, p. 297.

dans le tombeau de sa beauté plastique, au sépulcre de son apparence, aucun de ceux qui la confondent avec son portrait et l'identifient à l'image qu'ils se font d'elle, ne croira jamais qu'elle puisse se délivrer de cette image, se relever du masque de sa forme – sinon, peut-être, le prince, à condition qu'il lui soit possible de percevoir dans cette photographie ce qui n'est rien de photographique, la présence, irreprésentable, de l'être réel. *Embrassant ce portrait, soudain, entre deux portes, Mychkine est-il le croyant qui confesse l'être inviolé sous les apparences, ou bien le fanatique fétichiste que sa passion rend idolâtre ?*

Pour formuler cette alternative dans toute sa rigueur, encore faut-il mesurer la profondeur à laquelle l'imagination du romancier en situe les termes, et pour cela, il convient de se reporter rapidement à *L'Adolescent*, l'autre de ses romans dans lequel un portrait photographique joue un rôle important, et où se trouve exprimée sur l'essence de celui-ci une idée forte.

Arkadi – l'adolescent – ayant remarqué chez son père Versilov « un portrait de maman suspendu au-dessus du bureau, [...] une photographie exécutée, bien sûr, à l'étranger, et, à en juger par ses dimensions extraordinaires, un objet très cher », en est très frappé à cause, dit-il, de « cette incroyable ressemblance de la photographie, une ressemblance, pour ainsi dire, spirituelle » ; et la joie qu'il en ressent et l'amour qu'il en devine chez son père pour la femme représentée (« Je ne savais pas que vous aimiez tant maman ! ») font que Versilov, tout à coup bienheureux, « luisant de bonheur et de force », a décroché le portrait, « à deux mains », et, comme Mychkine dans *L'Idiot*, « l'a porté à ses lèvres, l'a embrassé, puis il l'a suspendu à nouveau, très doucement, au mur »[1]. Or c'est ce baiser – ce même baiser – si révélateur de la capacité d'amour de Versilov, de sa surabondance intérieure et de sa possible loyauté, qui, quand tous les malheurs seront tombés sur tous, quand Versilov aura perdu la

1. *L'Adolescent*, traduit par André Markowicz, vol. 2, Actes Sud, 1998, p. 239-240.

raison et qu'il sera devenu « la moitié du Versilov d'avant », sera redonné lors des crises « presque hystériques » du personnage, renouvelé alors comme démentiellement, à cette photographie telle un destin : « celle-là même qu'il avait embrassée le fameux soir, il la regarde, les larmes aux yeux, l'embrasse, il se souvient et nous appelle tous à venir auprès de lui [...][1] ». Cette folie est comparable à celle de Mychkine après la mort de Nastassia : Versilov est comme le prince, déchiré entre deux femmes ; il brise une icône sous la pression de son « double » comme Mychkine brise un vase sous la pression en lui de Rogojine ; et leur baiser à la photographie de la jeune femme est pour chacun l'ordalie où son destin hésite.

Or de cette hésitation les deux pôles sont philosophiquement identifiables : car elle est celle que détermine l'opposition classique, encore que retendue et remodelée par son contact avec l'image photographique, *entre l'être et l'apparence*. C'est pour autant qu'elle réactualise cette opposition que se comprend l'analyse du portrait photographique – admirable analyse – exposée par Versilov à son fils aussitôt après le baiser :

> Remarque, a-t-il continué, que les portraits photographiques ne sont presque jamais ressemblants, et ça se comprend bien : l'original lui-même, c'est-à-dire chacun d'entre nous, ne se ressemble que très rarement. Ce n'est qu'à des moments très rares que le visage d'un homme exprime son trait capital, sa pensée la plus caractéristique. L'artiste étudie le visage et devine la pensée capitale du visage, quand bien même, au moment où il le transcrit, cette pensée ne se lirait pas du tout sur le visage. La photographie, elle, surprend l'homme tel qu'il est *[i. e. paraît]*, et il est très possible que Napoléon, à certains instants, ait pu paraître stupide, et Bismarck, tendre. Ici, dans ce portrait, comme par hasard, le soleil a trouvé Sofia dans son moment capital – l'amour modeste et doux et la pudeur un peu farouche, craintive[2].

1. *L'Adolescent*, p. 515.
2. *Ibid.*, p. 340-341.

Ainsi s'explique que Versilov a baisé le portrait de Sonia : il y a vu la « ressemblance », autrement dit : la coïncidence, dans la représentation, entre l'être et l'apparence du modèle, coïncidence qui, dans la vie ordinaire, ne se produit « que très rarement », et qui dans la photographie ne peut se produire que par hasard. La ressemblance est ainsi l'apparition dans l'image de l'unité du modèle – de son « trait capital » –, laquelle n'arrive que si le modèle lui-même « se ressemble », quand viennent à se phénoménaliser synthétiquement dans une même apparition les deux dimensions constitutives de l'individu, son être et son apparence, en dépit de leur essence distincte. On peut donc reformuler l'analyse de Versilov avec le vocabulaire employé dans la question initiale de *L'Idiot* : la « ressemblance », c'est ce qui se produit dans l'image – qu'il s'agisse d'un portrait photographique ou d'une autre figure – lorsque cette image laisse percevoir ce qui n'a pas d'image, et qu'elle le montre pourtant comme identique à elle.

Revenant à *L'Idiot* et à Mychkine, à son baiser, et au problème de savoir si celui-ci exprime une idolâtrie fétichiste ou bien l'intuition d'une présence réelle, on ne peut que constater que l'interprétation du portrait par le prince distingue précisément dans l'image de Nastassia deux phénomènes divisés, dont l'un ressortit au visible et l'autre à l'invisible, deux manifestations par conséquent hétérogènes dans leur phénoménalité respective, encore qu'elles collaborent ensemble à la beauté du portrait :

> Un visage étonnant ! répondit le prince. Et je suis sûr que son destin n'est pas des plus communs. Un visage enjoué, mais elle a dû souffrir terriblement, n'est-ce pas ? Ce sont les yeux qui le disent, et ces deux petits os, là, ces deux petits points sous les yeux, juste en haut des joues. Un visage plein d'orgueil, et d'un orgueil terrible – la question que je me pose seulement, c'est de savoir si elle a de la bonté. Ah, si elle avait de la bonté ! Tout serait sauvé[1] !

1. *L'Idiot*, p. 732.

D'une part, une apparence visible : « un visage enjoué » ; d'autre part, une apparition de l'être invisible : « elle a dû souffrir terriblement, n'est-ce pas ? », arrivent ensemble à la visibilité du portrait, révélant la singularité d'un destin « pas des plus communs ». Mais le portrait de Nastassia n'est pas pour le prince ce qu'aura été pour Versilov celui de Sofia – et par conséquent le bonheur, la force et l'enjouement comme enfantins que celui-ci pouvait rendre à Versilov, le prince ne les recevra pas de celui-là. Car le « trait capital » de Nastassia, pour parler comme Versilov, autrement dit son unité métaphysique d'individu par-delà les modalités distinctes de sa complexité, n'apparaît pas dans ce visage, dans ce masque, qui demeure et demeurera énigmatique, et clivé. Le prince ne peut pas voir dans ce portrait si Nastassia « a de la bonté ». Le portrait reste muet sur ce point décisif. Or manque-t-elle de bonté, et la jeune femme ne se relèvera pas du tombeau de son image.

Le prince ne peut que s'angoisser (toute sa poursuite s'exalte là et s'affole) : comment pourra-t-il jamais connaître et délivrer le « trait capital » de Nastassia, la « pensée capitale » de son visage, pourvu seulement que l'être réel de la jeune femme soit demeuré lui-même, sous ses apparences terribles ? Pareille incertitude n'affecte pas seulement la jeune femme mais tout autant le prince. Car faute de jamais comprendre quelle réalité *est* en profondeur Nastassia, comment pourra-t-il prétendre que le rêve qu'il forme de ressusciter son être au cercueil de son image n'est pas une ruse de sa passion, rien d'autre qu'un alibi du culte des apparences, une ressource de la mauvaise foi ? D'où sa phrase la plus émouvante, ce matin-là, exactement sa *déclaration* à Nastassia, qui d'ailleurs la prend pour telle, dès le premier moment de leur première rencontre :

> Et vous, vous n'avez pas honte ? Est-ce que vous êtes celle que vous voulez paraître ? Mais ce n'est pas possible ! s'écria d'un seul coup le prince avec un reproche jailli du plus profond du cœur[1].

1. *L'Idiot*, p. 821.

3. L'image de la passion

Est-ce que vous êtes celle que vous voulez paraître ? Autrement dit, pour résumer Terentiev : *Le fils de Dieu est-il celui qui paraît dans le monde, jusque dans le tableau de Holbein ?* Est-il complètement « idiot », déjà fou, rien qu'un épileptique, celui qui s'obstine à penser et à confesser que Nastassia *n'est pas celle qu'elle paraît, n'est pas celle qui se laisse voir* ? Furent-ils tous, de même, des épileptiques – comme Nietzsche l'a pensé après sa lecture de *L'Idiot* – les disciples qui persistèrent dans leur idée que le Christ n'était pas seulement ses apparences, pas seulement de la matière réductible à du cadavre, pas seulement *du monde*[1] ? Le romanesque du roman du Dostoïevski commence très précisément dans ce moment saisissant où le prince Mychkine, obsédé par le portrait photographique, bouleversé par l'énigme qu'il contient, n'accepte pas de se soumettre à son évidence close, au silence de ses apparences, et pose cette question à laquelle jamais aucun portrait ne répondra, à laquelle seule la personne même de Nastassia pourrait répondre – ce qu'elle fait aussitôt, reconnaissant la validité de la question et l'attention métaphysique de celui la pose, acceptant déjà l'une et l'autre :

> C'est vrai que je ne suis pas comme ça, il a vu juste, murmura-t-elle très vite, avec passion, comme s'enflammant et rougissant tout entière [...][2].

1. Nietzsche écrit dans *L'Antéchrist* (traduit par A. Albert) : « Ce monde étrange et morbide où nous introduisent les Évangiles, un monde comme pris d'un roman russe, où le rebut de la société, les maladies nerveuses et l'idiotie "enfantine" semblent s'être donnés rendez-vous [...] » (Friedrich Nietzsche, *L'Antéchrist. Imprécation contre le christianisme* [1888], *Œuvres, II*, Robert Laffont, Bouquins, 1993, p. 1065 ; voir aussi p. 1413 ce fragment saisissant sur Dostoïevski : « Jésus : Dostoïevski. Je ne connais qu'un psychologue qui ait vécu dans le monde où le christianisme est possible, où le Christ peut surgir à chaque instant... C'est Dostoïevski. Il a deviné le Christ. [...] Y a-t-il plus grave bévue que de faire un génie du Christ, qui était un "idiot" ? »).
2. *L'Idiot*, p. 821.

Le romanesque débute avec cet acquiescement bouleversé de Nastassia à l'hypothèse selon laquelle elle n'est pas identique à sa photographie, selon laquelle, donc, le prince n'est pas un idolâtre dissimulé sous son épilepsie, bref à l'hypothèse religieuse de Dostoïevski lui-même, celle qui postule la liberté individuelle sous les formes acquises, l'essence non mondaine des individus paraissant dans le monde, et la possibilité de la résurrection malgré les apparences.

Que le conflit dostoïevskien soit celui par lequel s'opposent le masque et le visage, la séquestration des individus dans leur forme et la liberté de faire sauter celle-ci, ou encore le fait du cadavre et la demande de résurrection, c'est ce qui prouve que le grand romancier était de part en part chrétien, mais chrétien en tant que romancier, par le tissu même du romanesque avec lequel il pensait. Une confirmation édifiante s'en trouve dans une trouvaille des *Démons*, le livre où se durcit le combat de *L'Idiot* contre l'athéisme, et où, parmi les symptômes de ruine dont la société décrite est frappée, parmi les icônes profanées et les églises détruites, c'est à la photographie qu'il revient de signifier par excellence la sorte d'apocalypse qui s'annonce :

> Une colporteuse était venue en ville, vendant les Écritures [...]. Ce même filou de Liamchine, avec l'aide d'un séminariste qui bayait aux corneilles dans l'attente d'une place d'instituteur, fourra sans se faire remarquer dans le sac de la colporteuse, sous le prétexte de lui acheter des livres, une pleine liasse de photographies répugnantes et obscènes venues de l'étranger, offertes spécialement pour cette occasion, comme on le sut plus tard, par un petit vieillard très digne dont j'omets le nom, vieillard portant une importante décoration et adorant, selon ses propres mots, « le rire sain et la joyeuse plaisanterie »[1].

À cette allégorie terrible Dostoïevski accordait assez d'importance pour, à la fin du récit, faire de la colporteuse ainsi bafouée, Sofia Matveïevna, une figure de la sagesse dans la décomposition

1. *Les Démons, deuxième partie*, traduit par André Markowicz, Actes Sud, 1995, p. 199.

sociale, celle qui, rencontrée par Verkhovenski agonisant, rendra cet homme égaré à lui-même et à la religion de son enfance[1]. Il faut reconnaître la grande pertinence de ce sacrilège, et le questionner au niveau où Dostoïevski le situe. Substituer des photos obscènes à des Évangiles, l'idée n'est pas mauvaise : elle est simplement conditionnée par la sorte d'idolâtrie dont Mychkine, dans *L'Idiot*, est menacé, et par la sorte de confusion dont sont complices ceux qui proscrivent Nastassia comme ceux qui la désirent. Car ce sacrilège n'est pas hasardé : il substitue à la religion de l'amour l'idolâtrie des corps réifiés, à la foi en l'absolu de la personne la dévotion fétichiste des aspects. Il faut, pour avoir l'idée de remplacer les Évangiles par des photos pornographiques, réduire l'être à l'apparence et ne vouloir que celle-ci. Il faut donc désespérer. Liamchine collaborant à la décomposition sociale par cette « joyeuse plaisanterie », ne sait pas lui-même qu'il accomplit ici la pensée du néant, celle de Terentiev, celle du mauvais Larron, celle aussi de Rogojine perdant la foi devant le tableau de Holbein : la pensée qui identifie le Fils de l'Homme à de la matière, qui identifie Nastassia à son masque, qui fait de la jeune femme une sorte de photographie conforme au désir de ses prétendants, de ses juges, et qui dénie la possibilité qu'une « bonté », en elle, l'exhume de son prestige.

« *Comment ont-ils tous pu croire, en regardant ce cadavre, que ce supplicié allait ressusciter ?*[2] » : la question de Terentiev devant

1. Voir leur dialogue au sujet de la substitution des photos aux Évangiles, *ibid.*, *troisième partie*, 1995, p. 316 : « – Mais mon Dieu, ce ne serait pas avec vous qu'il est arrivé en ville une histoire étrange, et même très étrange ? / Elle rougit ; il s'avéra que si. / – Ces vauriens, ces malheureux !... s'écria-t-il, d'une voix tremblante d'indignation ; un souvenir douloureux, haïssable, eut dans son cœur un écho torturant. Pendant une minute, ce fut comme s'il perdait conscience. »
D'ailleurs il en va de même dans *L'Adolescent* : quand les valeurs chavirent, quand la folie et le meurtre grondent, ce sont des photos pornographiques qu'on refile au vieux prince Sokolski. Voir *L'Adolescent*, vol. 2, p. 477 : « Le logeur, tout à l'heure, m'a-t-il chuchoté, d'un coup, il m'apporte des photographies, des photographies de femmes, très sales, rien que des femmes nues dans toutes sortes de postures orientales, et, d'un coup, il se met à me les montrer sous un verre... »
2. *L'Idiot*, p. 1138.

Holbein est celle du monde moderne perdant l'espérance ; mais c'est celle à laquelle ce monde répond brutalement, partout dans les villes et dans les consciences captivées, en remplaçant, de fait, les Évangiles par des photos obscènes. Tant il est vrai que la photographie, comme Dostoïevski l'a su aussi bien que Baudelaire, porte en elle de quoi nourrir le fétichisme, l'absolutisation des apparences, le désespoir métaphysique[1]. C'est encore et toujours la question de Mychkine : « *Est-ce que vous êtes celle que vous voulez paraître ?* », à laquelle Nastassia réagit avec ambiguïté, avec aussitôt de l'amour mais déchiré d'inconfiance. Le prince lui-même n'y répondra, entre orthodoxie et hérésie, qu'avec sa religion déviée par sa passion, où la folie se mêle au dévouement. C'est que le prince lui aussi est *moderne* : il a perdu l'intuition immédiate des premiers disciples, enfant de l'âge du doute il a d'abord plongé ses yeux dans la photographie – dans la dérive et dans le prestige des apparences – où sa foi s'est biaisée. Son culte de l'image où Nastassia s'expose, aussi résolu soit-il à en ressusciter l'être, ne saura pas sauver la jeune femme. « Je vais mourir bientôt », écrit celle-ci à sa rivale[2].

Mais il reste encore à dire ceci.

Dans son « Explication », Hippolyte Terentiev a formé une étrange hypothèse.

1. Baudelaire et Dostoïevski, à cet égard comme à beaucoup d'autres, avancent sur la même ligne (et l'un aussi douloureux que l'autre) ; voici la façon dont Baudelaire a accueilli cette dimension essentielle du photographique : « L'amour de l'obscénité, a-t-il dit du stéréoscope, qui est aussi vivace dans le cœur naturel de l'homme, que l'amour de soi-même, ne laissa pas échapper une si belle occasion de se satisfaire » (*Œuvres complètes II*, *op. cit.*, p. 617).
2. *L'Idiot*, p. 1189.

La force aveugle, dit-il d'abord, qui a fait du Christ le cadavre qu'on voit dans le tableau de Holbein, c'est la force de la *nature*, « comme une espèce de bête énorme, impitoyable et muette » ; mais ensuite il se reprend : « ou plutôt », ajoute-t-il (on sent qu'il a en esprit une comparaison meilleure et qu'il hésite), « ou, plus justement, même si c'est étrange », et voici son idée :

> comme je ne sais quelle machine énorme de construction nouvelle qui, d'une façon absurde, aurait saisi, aurait brisé et englouti, obtuse et insensible, un être grandiose, inestimable, un être qui, à lui seul, aurait valu toute la nature et toutes ses lois, toute la terre, laquelle, toute – qui sait ? –, n'aurait été créée que pour sa seule apparition[1].

Ce texte formidable signifie que pour faire du Christ un cadavre – ou, de même, pour réduire Nastassia à son image – la « nature » ne suffit pas, aussi impitoyable soit-elle. Il y faut encore une puissance de destruction toute particulière, une inertie têtue de l'esprit et un aveuglement moral vraiment buté, qu'on ne voit qu'à de certaines machines modernes, « je ne sais quelle machine ». Quand on songe au remplacement des Évangiles par la pornographie, ou quand on médite le destin de la jeune femme que sa photographie a piégée dans son rôle, il est difficile de ne pas songer que cette machine, « de construction nouvelle », qui jette au tombeau les individus réels aussi beaux soient-ils, ce pourrait être – quand même Dostoïevski ne semble pas y penser ici – l'appareil photographique. *Le portrait de Nastassia est en somme un tirage moderne du tableau de Holbein.* Comme tel, il est aussi pornographique qu'une photographie obscène, s'il fait que le mieux doué des croyants, le prince Mychkine, se laisse par lui fasciner au point de finir fou, et s'il voue Nastassia, en mal de résurrection, à s'enferrer dans son rôle d'idole, vainement orgueilleuse, scandaleuse pour rien, inutilement romanesque.

1. *L'Idiot*, p. 1138.

IV. Photographie et poésie

POUR INTRODUIRE à la question du rapport entre « Poésie » et « photographie », et pour indiquer que sera proposé ici le déchiffrement d'une dialectique associant à la possibilité d'une poésie *de* la photographie celle d'une confrontation de la poésie au photographique, c'est l'œuvre et la pensée d'Yves Bonnefoy qui seront écoutées. Voici en guise d'épigraphe de ce quatrième essai les deux dernières phrases d'un texte de 1988 consacré par Yves Bonnefoy à Martine Franck :

> L'Occident, le monde vont-ils périr de trop de photographies ? Qui sait, ils seront peut-être sauvés, au bord de la fin des temps, par l'évidence ingénue, épiphanique, de quelques-unes ?[1]

Ce propos peut servir de point de départ : il témoigne d'une ambivalence passionnée du poète repérant une tension maximale dans le phénomène de la photographie, ambivalence et tension très spécifiques et très inquiètes dont on ne trouve pas d'équivalent

1. *Photographies de Martine Franck*, Amiens, Trois Cailloux, 1988.

dans sa pensée de la peinture ou du dessin, ou des beaux-arts en général. De sorte qu'une première idée peut s'énoncer simplement de la façon suivante.

La question du rapport entre « poésie » et « photographie » en est une de réelle dans l'œuvre d'Yves Bonnefoy, en ceci, d'abord, qu'elle y apparaît non pas du tout comme un thème particulier ou marginal de sa réflexion, mais comme relevant de son ontologie et de ses conditions ; et en ceci, de surcroît, qu'elle conduit du même coup au cœur de ces deux phénomènes, la « poésie » et la « photographie », considérés dans leur puissance ultime de rédemption. Le propos à l'instant cité l'affirme : *dans la photographie se lèvent la possibilité de la fin du monde, et celle, conjointement, de son salut.* Mais d'aucune autre sorte d'image l'œuvre entière de Bonnefoy ne tient jamais thèse si radicale, si tragique. C'est à la *seule* photographie qu'est trouvée, outre la puissance de sauver l'Être lui-même – car cette puissance-ci appartient aussi à la peinture, aux beaux-arts –, l'autre puissance négative de dévaster le monde et d'anéantir la vie. Par exemple, on lit ceci dans « *Igitur* et le photographe » (un texte sur lequel il faudra revenir) :

> La photographie est dangereuse. La multiplication à l'infini des photographies qui ne saisissent que le dehors de la vie peut certainement contribuer à la fin du monde. Mais des photographes, grands en cela, cherchent à sauver celui-ci[1].

De tout poète réel et de tout peintre réel, Bonnefoy pourrait volontiers dire que ce qu'il cherche c'est à sauver le monde ; mais *seul* le photographe est celui, singulièrement fascinant, qui tient dans sa boîte noire aux lentilles plus ou moins déformantes la *double* possibilité du salut *et* de l'anéantissement. De sorte que si la peinture est susceptible de nous sauver, comme elle le fait à chaque fois qu'elle est grande, c'est en somme, métonymiquement,

1. « *Igitur* et le photographe », *Sous l'horizon du langage*, Mercure de France, 2002, p. 239.

contre le « photographique » ; tandis que celui-ci, quand il lui arrive grâce aux grands photographes de nous porter remède, ce n'est précisément que *contre lui-même* qu'il le fait. Si donc le mot de « poésie » désigne l'effort de résistance spirituelle à l'expérience dévastatrice du néant et la volonté de surmonter la tentation de se soumettre à la voix en nous « qui cherche à nous faire entendre que le monde n'a pas de sens »[1], alors rien n'est « poésie » comme la photographie, et même doit-on se risquer à dire que *seule* la photographie est absolument « poésie », puisque seule elle tient en elle, conjointes dans l'obscur de sa chambre, la force du non-sens et la force d'y résister, le mal et le remède dans le mal. « D'où, écrit Bonnefoy dans un texte sur les portraits de Brice Toul, l'extraordinaire responsabilité du photographe qui a décidé d'être portraitiste : il peut attenter à la seule réalité qui ait sans doute jamais paru dans le gouffre des ondes, des particules. Et il est d'ailleurs, avec la mort, la seule puissance qui puisse, en des occasions, la détruire[2]. »

La question de savoir quels sont les préalables qu'il faut qu'adopte une pensée, explicitement ou non, pour qu'elle décrive ainsi la photographie comme *à la fois* puissance de mort et puissance de salut, est celle à laquelle le présent essai tentera de répondre.

À quoi tient cette interprétation du photographe comme allié de la mort et identique à elle – et *seul* en ce cas ? Et à quoi tient inversement que cette fatalité en lui soit *par lui-même* conjurable en une œuvre salvatrice ? C'est une analyse des présuppositions radicales qui saura le dire, pourvu que la pensée où ces interprétations étonnantes trouvent un sens soit elle-même prise pour ce qu'elle est, une pensée de l'Être, une ontologie fondamentale quoique non

1. « Les mots et la parole dans *La Chanson de Roland* », *Le Nuage rouge*, Mercure de France, 1977, p. 71.
2. « Nous ne sommes qu'une de ces traces d'écume… », *Portraits en Provence, Brice Toul*, Éditions Équinoxe, Avignon, 1996.

problématisée pour elle-même dans le discours du poète. Mais avant de montrer l'horizon transcendantal sur le fond duquel cette ontologie déploie comme proprement siennes ses interprétations de la photographie, il convient de mesurer l'étendue du procès à charge *et* à décharge qu'elle intente à celle-ci.

Ce procès en effet est aussi celui du monde moderne tout entier, procès adossé à l'idée de la crise perceptible dont ce monde est dit traversé, et d'une crise plus profonde à laquelle il est identifié. Comme à chaque fois qu'un grand esprit se coltine à la photographie, aux photographes et aux photos – comme chez Baudelaire, chez Villiers de l'Isle-Adam ou chez Proust –, ce qui se dégage de la méditation de Bonnefoy sur ce sujet touche aussitôt aux dimensions brûlantes de l'âge moderne, entendu, ici encore, comme *l'âge de la photographie*. Au détour, par exemple, d'un entretien sur l'état présent du monde, ce sont les pires désastres répandus par les sociétés modernes techniquement industrialisées qui sont associés par Bonnefoy à cet autre désastre, la photographie, jugée leur équivalente et leur complice :

> C'est vrai que le monde contemporain semble bien au bord du désastre. La folie des armements, les imprudences dans l'emploi de l'énergie nucléaire, les guerres qui ne cessent pas malgré les supposés équilibres de la terreur, comme si de l'eau filtrait sous le barrage, pour se répandre partout, les déséquilibres écologiques qui étouffent la vie, les exterminations d'espèces animales ou végétales qui font sauter des maillons de la grande chaîne de l'être, le surpeuplement et les maladies, et dans la personne elle-même la déconstruction des perceptions fondamentales du monde et des valeurs d'existence par la photographie, laquelle prend la réalité par le dehors mais se glisse au sein même de celle-ci pour la dépouiller de la figure, du sens qu'il faut pourtant lui donner, et encore la montée des fanatismes, tout cela dresse une scène où c'est la violence et la fascination pour la mort qui prédominent[1].

1. « La poésie est la propédeutique de la démocratie », propos recueillis par P. Kéchichian, *Le Monde*, 7 juin 1984, p. 2.

Ici encore la photographie est une force de la mort. Mais alors que rien, cette fois, n'est dit de son pourvoir de résistance, elle est mise sur le même plan que les grands déchaînements de l'horreur par l'autonomisation de la techno-science. Ce n'est donc pas du seul fait qu'elle porte en elle autant la mort que la possibilité du salut, qu'elle est singulière entre toutes les images, mais aussi parce que son maléfice est commun avec celui des violences de l'époque, là où le scientisme semble avoir triomphé. La photographie est *moderne* et elle pose un problème moderne à la modernité qu'elle informe, un problème inédit. La « poésie », par contrecoup, réagit à la photographie à ce double titre qu'elle voit en elle, d'une part, une image avec laquelle l'alliance n'est ni traditionnelle ni sans danger comme l'est son alliance avec la peinture, et, d'autre part, une image non seulement fascinante en ce que son pouvoir mortifère n'empêche pas sa puissance de salut, mais encore indicatrice, institutrice même de la vérité de notre temps, qui est qu'il risque de ravager de sa violence la vie entière et l'Être même.

De sorte que ce n'est pas sa curiosité ou son intérêt qui conduit la « poésie » à interroger la « photographie », c'est aussi son plus intime de devoir. Pour autant que la poésie est la mémoire de l'Un, mémoire aussi exploratrice et instauratrice que rétentionnelle, aussi propitiatoire, parfois, que conservatrice, mémoire désoccultant la vérité sous les censures de l'esprit, alors elle ne peut pas ne pas vouloir vérifier ses propres forces, ses chances métaphysiques, auprès de cette autre mémoire, sa rivale bien plutôt que son amie, technique et extérieure, la photographie entendue maintenant comme une mise en question, qui la convoque et qui malmène son projet. On se souvient de la pétition de Baudelaire attaquant certains usages de la photographie dans le fameux deuxième chapitre du *Salon de 1859*, il faut toujours la relire :

> La poésie et le progrès sont deux ambitieux qui se haïssent d'une haine instinctive, et, quand ils se rencontrent dans le même chemin, il faut que l'un des deux serve l'autre[1].

Yves Bonnefoy ne parlerait certes pas ainsi, qui serait bien le dernier à jamais introduire de la « haine » dans son combat pour ses valeurs ; mais quelque chose tout de même analogue à la passion et au tragique baudelairiens se trouve dans son interprétation de la photographie, et jusque dans les termes précis du combat. Car l'image mécanique nouvellement apparue depuis Niépce et Daguerre s'est introduite en tiers dans l'antique association de *pictura* et de *poesis*, et ce tiers est arrivé, en outre, de la science et de ses postulats, dont les « progrès », aujourd'hui plus sûrement encore que du temps de Baudelaire, menacent évidemment le monde. Si bien que le seul poème en vers de l'œuvre de Bonnefoy où paraît en effet une photographie – où pour mieux dire elle surgit, incongrue, terrible autant que bizarre, trouant de sa nuit réquisitoire toute autre réalité – est extrêmement émouvant, car cette photographie en est une, justement, de Baudelaire ; il s'agit de « Hopkins Forest », dans *Début et fin de la neige*[2] :

> Bien des années plus tôt,
> Dans un train au moment où le jour se lève
> Entre Princeton Junction et Newark,
> C'est-à-dire deux lieux de hasard pour moi,
> Deux retombées des flèches de nulle part,
> Les voyageurs lisaient, silencieux
> Dans la neige qui balayait les vitres grises,
> Et soudain,
> Dans un journal ouvert à deux pas de moi,
> Une grande photographie de Baudelaire,
> Toute une page
> Comme le ciel se vide à la fin du monde
> Pour consentir au désordre des mots.

1. « Le public moderne et la photographie », *Salon de 1859, op. cit.*, p. 618.
2. *Début et fin de la neige*, Mercure de France, 1991, p. 36.

Ce n'est pas ici qu'il faut proposer une interprétation exhaustive de cette strophe énigmatique d'un poème tout entier complexe. Deux indications suffiront pour remonter grâce à ces vers jusqu'au problème inédit que la photographie pose, et jusqu'à l'ontologie qui permet la formulation qu'on trouve de ce problème dans l'œuvre de Bonnefoy.

D'une part, l'apparition ici de la photographie a la soudaineté d'une catastrophe inattendue : apparition « *comme le ciel se vide à la fin du monde* », d'un déchirement des significations connues, d'une interruption sidérante des savoirs jusqu'alors reçus par ceux qui, avant elle, « *lisaient, silencieux* ». D'autre part, et contradictoirement, ce que manifeste cette apparition porte un nom propre, c'est « *Baudelaire* » : et ce retour d'un être personnel – cher et magnifique, comme l'appelait Jouve – jusque dans le tombeau de son portrait photographique, a de quoi réconforter et réencourager, en plein désert des « *lieux de hasard* », celui qui ne peut que le reconnaître comme son proche, comme ayant souffert, lui plus que quiconque, des mêmes vacillements de l'espoir dans la même expérience du néant. Si bien que cette strophe révèle que la tension propre de la photographie, et la complexité des sentiments contradictoires qu'elle suscite en Bonnefoy – comme en Baudelaire lui-même – constituent d'abord un conglomérat *affectif* bien avant de se formuler en discours, une épreuve émotionnelle pathétiquement vécue, dont la pensée, ensuite, dans les essais, sera la tentative postérieure d'élucidation et d'interprétation discursives. Il importe de noter ici cette antériorité de l'expérience affective, sur laquelle on devra revenir tout à l'heure.

Voici donc le photographique tel qu'immédiatement éprouvé : *un ciel qui se vide*, et, pourtant, *dans ce vide même le resurgissement d'une réelle présence*. Et voici maintenant les raisons fournies de cette double apparition, fournies non pas dans le poème lui-même, mais dans les trois principaux essais consacrés par le poète à la photographie : « Henri Cartier-Bresson », en 1979 ; « *Igitur* et le photographe », en 1998 ; et « L'âge d'or de la littérature secondaire », de 2002[1].

Trois traits récurrents structurent la pensée développée dans ces essais, dont le premier est qu'elle porte davantage sur le photographique que sur l'art des photographes ; davantage, par conséquent, sur les ravages dont la photographie menace le monde que sur le remède que l'artiste peut tout de même en tirer ; davantage, si on veut, sur l'imagerie que sur l'art, sur la civilisation des productions imagées et des prostitutions médiatiques que sur le sérieux et le précieux des œuvres. En effet, la première donnée redoutable du photographique, selon Bonnefoy, c'est la multiplication des tirages, partant l'envahissement et le recouvrement du réel par les artefacts chaque jour plus nombreux – plus nombreux que les hommes eux-mêmes ! –, et, à la fin, ce cauchemar d'un monde que ces proliférations photographiques (les « ruissellements fastidieux de photographies », comme disait Rimbaud[2]) pourront finir par étouffer. Ce premier trait, on sait qu'il est éprouvé lui aussi pathétiquement, comme une hantise et un effroi pesant sur un grand texte des *Récits en rêve*, « L'artiste du dernier jour » :

> Le monde allait finir. [...] le monde allait finir, brusquement, car – semblait avoir crié une voix – dans quelques semaines, dans quelques jours, peut-être dans quelques heures, l'ensemble des images qu'a produites l'humanité aurait passé en nombre celui des créatures vivantes. Davantage, en cette seconde fatale, de contours vagues de bêtes sur des parois de cavernes, de Madones en robes rouges dans l'écaillement d'une fresque,

1. Textes auxquels il faut joindre les dernières pages de l'essai, « Ut pictura poesis », dans *L'Esprit créateur*, vol. XXXVI, n° 3, 1996 ; ainsi que la préface, « Giacometti et Cartier-Bresson », du catalogue, *Alberto Giacometti / Henri Cartier-Bresson. Une communauté de regards*, Zurich, Scalo, 2005. Voir aussi « Mes souvenirs d'Arménie », dans *Rome, 1630*, Éditions Naïri, Erevan, Arménie, 2007, traduction en arménien de Chouchanik Thamrazian. Enfin dans une conférence à ce jour inédite, « Poésie et photographie », donnée en 2009 au Val d'Aoste, Bonnefoy découvre une analogie proprement métaphysique entre l'invention de la photo et l'installation dans les villes de l'éclairage électrique, voyant dans celui-ci « le complément de la révélation du néant comme le photographique l'a faite ».
2. Rimbaud, lettre à Paul Demeny du 17 avril 1871, *op. cit.*, p. 236.

> de paysages, de portraits, de photographies, d'affiches – et de négatifs inutilisés aussi, dans des archives ou des décombres – que de fourmis, d'abeilles, de singes, d'hommes[1].

L'intérêt formidable de ce texte pathétique tient à ce qu'il est surdéterminé par l'âge technique qui est le nôtre – *la modernité comme âge de la photographie* –, alors qu'il eût été impensable à toute autre époque antérieure à la mise en œuvre de la reproductibilité des images enregistrées, et, du coup, qu'il sera désormais toujours recevable, à jamais moderne et impossible à démoder, tant il est vrai qu'on ne peut plus guère imaginer que l'humanité renonce jamais à la photographie. On touche ici à l'intrication profonde, à de certains moments, du photographique et du poétique : quand celui-ci, comme c'est le cas aussi chez Proust, trouve dans celui-là une condition de sa possibilité.

Le deuxième trait par lequel la pensée de Bonnefoy détermine le photographique, c'est celui de la *mimésis*, dont il traite en particulier dans son essai sur Cartier-Bresson – un artiste, pour le coup – et qui fait l'objet alors d'un traitement dialectique assez serré, mais en effet indispensable à l'effort de compréhension des raisons pour lesquelles un grand art photographique est possible. Car la *mimésis*, la ressemblance entre la représentation et les apparences extérieures, accorde le primat à celles-ci, et, ce faisant, relègue aisément l'être de ce qu'elle représente, substitue volontiers à la « présence » – au visage de ce qui est, à l'épiphanie du réel – un savoir extérieur, ce pauvre savoir qu'elle est, de l'espace géométrique, des corps étendus comme des choses, réduits à leurs coordonnées abstraitement mesurables dans cet espace lui-même objectivé et réifié par le point de vue perspectiviste. De sorte que la photographie, quoique tard venue dans l'histoire humaine, a redonné vigueur au projet mimétique et réaliste d'un art illusionniste, captif de sa fascination pour le dehors des phénomènes, et

1. « L'artiste du dernier jour », *Récits en rêve*, 1987, p. 172.

qu'il faut donc, pour qu'un photographe ne soit pas le démon qui retendra ce vieux piège, pour qu'un photographe ne soit pas la mort qui éteindra sous les apparences l'être même du vivant – bref, pour qu'un art photographique soit possible, jouant la *mimésis* contre elle-même –, que l'artiste qui se risque à utiliser la chambre noire en dépit de ses fatalités géométriques la porte au devant du monde, non en la braquant sur celui-ci, non en *visant* son motif comme pour s'en emparer, non même en voyant ce qu'il photographie, mais presque en fermant les yeux, et en se délivrant de cette façon de tout point de vue particulier sur le dehors, jusqu'à participer, comme aveugle, désarmé, oublieux de tout savoir, à la totalité invisible de tout.

Si donc il est possible à un photographe – à Cartier-Bresson comme à Brice Toul ou à Martine Franck – d'être une sorte de peintre chinois dont la calligraphie donne la présence dans l'image, en dépit de la *mimésis* géométrique du rendu photographique, c'est pour autant que la programmation technique de la chambre noire autorise l'instantanéité de la prise de vue, laquelle, pourvu que son auteur veuille non capturer mais recevoir, non *prendre* une photo mais témoigner du monde, non se vouloir soi-même devant celui-ci mais s'oublier pour qu'il advienne, laissera « poindre l'Un [...] sous les significations de surfaces »[1]. L'art photographique s'en trouve ici compris comme le franchissement de l'extériorité – c'est-à-dire du mal, de la violence du savoir et de ses concepts inscrits dans l'appareil – *avec ses propres moyens*.

On notera que Bonnefoy ne fait jamais l'hypothèse d'une photographie non mimétique, d'un rendu abstrait de ce qui s'inscrit sur une pellicule, d'un usage de l'appareil et des procédures de développement tel que soient tout simplement déjoués les projets de ressemblance réaliste auxquels l'essentiel de l'histoire de la photographie – mais non sa totalité – s'est limité. Preuve, sans doute,

1. « Henri Cartier-Bresson », *Dessin, Couleur et Lumière*, 1995, p. 263.

non certes d'une incuriosité à l'égard d'œuvres photographiques non réalistes et non figuratives (et bel et bien photographiques cependant), mais d'une complexion de l'esprit qui préfère s'affronter à une contradiction plutôt que sauter par-dessus. La passion profonde qui le lie à l'art de Nadar, de Degas photographe, de Martine Franck ou de Brice Toul, vient de ce que ces photographes parviennent à surmonter, chacun avec des moyens comparables à ceux des autres, le démon de l'extériorité dont ce sont eux, pourtant, du dedans de leur acte, les plus dangereux agitateurs.

Le troisième trait servant à approfondir la malignité du photographique est celui qui donne à la réflexion de Bonnefoy sur ce phénomène sa profondeur et son originalité extraordinaires : c'est à ce trait-ci, *l'apparition du détail dans les images*, qu'il faut s'arrêter un peu longuement pour comprendre à partir de lui quelle ontologie y est mise en œuvre ; et, pour cela, il faut relire l'essai vraiment inspiré sur Mallarmé, « *Igitur* et le photographe » :

> Du détail comme on le découvrait dans les daguerréotypes il était facile de voir que la peinture ne l'avait jamais pratiqué encore. En photographie, Poe le souligna tout de suite dans son compte rendu enthousiaste de l'invention de Daguerre, il était apparent que la précision dans la notation ne connaîtrait pas de limites, n'en voudrait pas, alors qu'aussi resserré sur son souci représentatif soit le détail d'une nature morte ou d'un portrait il y a toujours quelque chose de son environnement immédiat au sein de l'œuvre du peintre pour le retenir dans le tissage d'une écriture, aux dépens de l'exactitude dans le rendu de l'objet. [...] Là où le regard de l'artiste choisissait, et était humain par ce choix, voici que la photographie enregistrait tout, le fixait, ce qui lui permettait de montrer, sinon même de désigner, cette simultanéité, cette manifestation du hasard, et d'entraîner ainsi au-delà de tous les discours que l'on tient sur les êtres et sur les choses : faisant entendre, si j'ose dire, le silence de la matière[1].

1. « *Igitur* et le photographe », *op. cit.*, p. 214 et 215.

Yves Bonnefoy n'est certes pas le premier à faire valoir l'apparition du détail en tant que trait spécifique de la photographie. Qu'il suffise de rappeler que Roland Barthes dans *La Chambre claire* s'était lui aussi montré saisi par ce trait, dont il avait nommé l'émotion en lui du nom de « *punctum* », faisant valoir que ce qui le poignait dans, par exemple, ce collier inattendu ou cette bottine imprévue, *trouait le savoir* par ailleurs régnant dans l'image, ce savoir au fond indifférent et morne qu'il relativisait sous le titre de « *studium* ». Mais chez Bonnefoy ce n'est justement pas comme chez Barthes tel détail, ou bien tel autre, singulier autant qu'absolu, irrépétable en dépit de toute reproductibilité, qui frappe d'abord le penseur, ce n'est pas ce détail-ci de cette photo-ci, mais *le fait comme tel qu'il y a des détails en toute photographie*, que le photographique est par essence l'apparition du détail dans l'histoire des images. De sorte que l'émotion ressentie à ce magma de matière dupliquée dans sa représentation selon tous ses aspects, avec tous ses attributs, conformément à toutes ses particularités apparentes sans exception ni hiérarchie, n'est pas ici le chemin qui conduisait Barthes vers le souvenir personnel et l'effort subjectif d'une retrouvaille du temps perdu, elle est bien plutôt ce qu'on peut nommer une *émotion métaphysique*, car ces mots ont un sens : c'est l'effroi devant l'extériorité brute de la matière neutre au-delà de nos pensées et de nos mots, la stupeur devant l'évidence close sur elle-même, l'évidence qu'il n'y a que cela, de l'évidence, soudain montrée identique à elle-même, c'est-à-dire pour rien, *le rien de l'évidence et l'évidence du rien*. Le fait du détail en photographie est ainsi éprouvé comme une révélation du néant.

Le photographique est une manifestation du dehors – mais du dehors senti comme loi du monde –, du dehors non dépassable et non transfigurable, en lequel paraît le non-sens de tout. Et c'est alors qu'Yves Bonnefoy trouve au gré de sa syntaxe tellement inventrice, pour suggérer ce surgissement du néant, ses plus retentissantes formules parmi les plus belles qui soient dans sa prose animée, comme si la terreur de constater – au détail près ! – que « nous ne sommes que de vaines formes de la matière » ravivait aussitôt l'effort, dans la phrase, l'effort proprement *poétique* d'accroître le sens des mots. Voici donc :

> « Rien n'est, sauf un dehors abyssal qui ignore tout de la prétention humaine. [...] Et que ce détail au hasard, que le hasard comme tel, se révèle ainsi dans l'image, qu'il y marque, pour la première fois dans l'immense histoire des images, sa réalité spécifique, c'est là un événement dont il ne faut pas sous-estimer la capacité d'ébranler toutes les assises de la conscience. [...] La photographie incite à la science, elle anéantit la chimère. [...] Il y a eu, dans au moins la première photographie, une sorte d'épiphanie de l'absence, où paraît le non-être de tout ce qu'on ressentait comme être : en somme, un enseignement de ce que Mallarmé va appeler le Néant » ; [et ces définitions saisissantes du photographique :] « annonciation de ténèbre », « preuve de notre néant », « moment de l'horreur métaphysique », « hasard mis à nu »[1].

À partir de quels postulats implicites cette pensée de la photographie comme « irruption du néant au sein des images », ou comme « éloquence muette du détail qui y crie le non-sens du monde »[2], est-elle possible ? Il est temps de répondre à cette question en faisant remarquer trois présuppositions d'inégale profondeur dans cette admirable – et discutable – interprétation.

Premièrement, cette interprétation est conditionnée par la détermination préalable de toute photographie comme représentation mimétique. Cette remarque-ci redouble celle de tout à l'heure : Bonnefoy n'imagine pas, dans ses essais, d'autre usage de la photographie que celui, le plus répandu mais non fatal, qui produit des images ressemblantes ; il postule la *mimésis* dans l'invention daguerrienne comme une donnée insurmontable, sans mettre à jour la dimension purement sociale du privilège jusqu'alors

1. « *Igitur* et le photographe », *op. cit.*, p. 211, 215, 216, 217, 218, 226, 235.
2. *Ibid.* p. 235 et 237.

accordé à la photo mimétique, absolutisant ce qui n'est qu'une virtualité de son appareillage et réduisant d'autant le possible dont celui-ci est porteur ; et peut-être la sorte de solennité avec laquelle il exprime son effroi du détail ne s'explique-t-elle qu'en vertu de cette absolutisation qui prend pour un destin ce qui n'est qu'une circonstance.

Deuxièmement, cette pensée du photographique comme épiphanie du non-sens – dans la manifestation nue de l'extériorité proliférante – repose sur l'hypothèse que l'image photographique *rend*, en effet, cette extériorité comme ce qu'elle est, autrement dit qu'elle donne à voir le visible comme délivré de nos verbalisations, qu'elle restitue l'apparence identiquement à ce qu'elle est hors de nous. Cette hypothèse s'énonce comme suit dans le vocabulaire du poète : « *voir* sans *savoir* », la photographie opère une « réduction fondamentale et totale de l'apparaître à sa pureté »[1] ; si donc elle est dans son être même une apparition du néant, c'est pour autant qu'elle se produit comme une « expérience de non-savoir »[2]. Or cette thèse est difficile à soutenir, il faut bien le dire.

D'une part, il y a quelque contradiction à assurer d'un côté que l'image est conforme à l'apparence extérieure, mimétique avec exactitude, détaillée comme l'est le monde, et, d'un autre côté, qu'elle n'est ainsi qu'en vertu d'un non-savoir qui lui serait pareillement essentiel. À partir de quelle intuition, si ce n'est à partir d'un *savoir*, est-il possible de reconnaître dans l'image sa *mimésis*, et dès lors comment désigner celle-ci comme le résultat d'un non-savoir ? En outre, comment soutenir à la fois que le regard de cette image *voit* purement et simplement, voit *phénoménologiquement*, sans préjugé d'aucune sorte, sans « chimère », sans souci ni projet qui offusquerait sa vision, alors qu'on sait d'autre part que le perspectivisme de son rendu et la géométrisation de son espace,

1. « *Igitur* et le photographe », *op. cit.*, p. 224.
2. *Ibid.*, p. 233.

auxquels est due, justement, cette monstration des détails qui fascinent, dépendent identiquement de la programmation de la chambre noire, de la structure optico-chimique de l'opération permise par celle-ci, et en somme du conglomérat de science – de science occidentale, hyperconceptuelle ! – inscrite dans l'appareil avec lequel on photographie. Il n'est point légitime de penser ce qui n'est que *l'objectivité* de l'image sous le titre de *non-savoir*. Le poète conçoit l'apparition des détails comme une phénoménologie qui accomplirait, dit-il, une « réduction de l'apparaître à sa pureté » – mais cette phénoménologie n'est que celle du projet galiléen de *réduction*, en effet, du monde, réduit par la visée *scientifique* à ses données géométriques, à son espace étendu, à sa mesurabilité, dont la reproduction mimétique n'est que la confirmation transposée. *Objective* est l'image photographique en tant qu'elle est conforme, non pas à l'être-là de ce qui est, non pas à l'en-soi muet de l'extériorité, non pas à ce que pourrait livrer un non-savoir, mais bien plutôt à la construction de l'objectivité telle que préalablement inscrite dans la confection de l'appareil, à l'intuition intellectuelle savamment machinée dans le boîtier, bref à la visée intentionnelle de la science techniquement mise en œuvre dans la prise de vue. *Objective*, non pas *nesciente* – et c'est même le contraire : à vrai dire, dans l'histoire de l'Occident et du monde, la photographie est la première image à ce point surdéterminée, radicalement et exhaustivement, par le savoir, saturée de cet objectivisme auquel la science moderne doit son efficacité redoutable, cette science qui depuis Galilée a décrit le monde *après* l'avoir privé de ses qualités sensibles, *après* l'avoir réduit à son apparence géométrisable.

Cependant, ces objections sont tout de même assez triviales, ou de simple bon sens, pour qu'il faille soupçonner de la part de l'auteur qui n'y a pas fait droit dans ses essais, qu'elles y sont en profondeur congédiées ou reléguées provisoirement, mais afin qu'autre chose, de plus nécessaire sans doute, puisse être dit, autre chose que ce qu'elles peuvent dire, et qu'il lui fallait impérieusement dire. Les coups de force ou les impensés de la part d'un grand penseur sont le signe que l'essentiel est ailleurs, et qu'ils étaient nécessaires pour que cet essentiel fût inventé. C'est donc ici qu'il faut dégager la troisième présupposition sur laquelle est fondée l'interprétation du phénomène photographique par Bonnefoy, en pressentant qu'elle se situe à un niveau où c'est toute sa méditation qui est en jeu – et non pas seulement celle qui a la photographie pour objet –, toute sa complexion métaphysique et ses choix profonds quant à l'Être même. L'analyse de l'interprétation du photographique doit s'achever maintenant par celle de ses préalables ontologiques les plus fondamentaux.

Le texte qu'il faut scruter ici est « L'âge d'or de la littérature secondaire », où le même mouvement de l'émotion et de la pensée se retrouve, qui avait fait autrefois le fonds de l'un des plus beaux livres du poète, *L'Arrière-Pays*. Toute une rêverie se réfléchit dans ces nouvelles pages, qui a son commencement dans un affect primordial, dans une première passion (et c'est cette antériorité de l'émotion sur la pensée qui compte ici) éprouvée irrésistiblement devant la série des reproductions photographiques dont est illustrée l'édition de 1903 du livre d'Émile Bertaux, *L'Art dans l'Italie méridionale*. Par la neutralité de ces photos, par leur littéralité froide et purement positiviste, Yves Bonnefoy est soudain « fasciné » – c'est le mot qu'il emploie –, transi d'emblée par un rêve qu'elles permettent et auquel d'abord il ne peut se soustraire, d'un autre monde aux limites du nôtre, d'un degré métaphysiquement supérieur de réalité, d'une absolue lumière. Ces photographies en noir et blanc, « comme on dit néant et être », écrit-il[1], se produisent

1. « L'âge d'or de la littérature secondaire », *L'Imaginaire métaphysique*, Seuil, 2006, respectivement p. 144 et 148. Le privilège du noir et blanc est décisif dans la réflexion de Bonnefoy sur la photo, la raison en est dite exemplairement dans « Mes souvenirs d'Arménie », *op. cit.* : « Le noir et blanc incite à penser au sens qu'il faut donner à la vie, à se demander si on est simple néant ou si on peut prétendre à de l'être. De la figure qu'il donne au monde il fait une "*cosa mentale*", une expérience au sein de laquelle s'ébauchent des aspirations de nature spirituelle. »

premièrement comme une manifestation augurale d'un ailleurs aux confins du visible, dont la gnose affective du poète s'empare pour y rêver d'un nouvel Arrière-Pays. Or quand bien même l'irréalité de ce rêve, en un second temps, est dénoncée par une intuition cette fois réaliste, qui dissipe cette gnose et reconnaît notre monde comme le seul monde – l'ici comme le seul absolu –, un reliquat de l'émotion première demeure dans la dialectique qui s'ensuit, par la persistance duquel les photographies les plus platement didactiques, les plus objectivement dénotatives et délibérément littérales sont reçues comme une révélation, non pas des choses représentées par l'extérieur, mais de l'être même de ces choses, si bien que leur littéralité est alors déterminée comme identique à l'intuition poétique elle-même, en ce qu'elle donne à voir la compacité ontologique de ce qui est, la qualité de présence pleine de la réalité comme telle. « Poésie » de la photographie (de cette photographie scientifiquement neutre et objectiviste) : en ce qu'elle dissipe, une fois traversée l'émotion gnostique, tout « glorieux mensonge », toute illusion dans la perception du dehors, et qu'elle présente celui-ci sans fable, dans l'évidence de son essence singulière.

Cette rêverie, et cette pensée qui s'y alimente autant que s'en arrache, sont vraiment magnifiques dans ce bref essai autant que dans *L'Arrière-Pays*. Outre qu'on y sent le travail même de l'esprit, le mouvement propre de son activité créatrice, on y saisit aussi le moment le plus subjectif de la véritable passion qui lie le poète au photographique, et, plus précisément, on y comprend que soient aussi inévitables que de peu d'importance, au fond, les présuppositions qu'on lui a vues précédemment sous son interprétation d'ensemble. Que ne soient pas problématisés pour eux-mêmes les deux postulats de la *mimésis* et du non-savoir supposés essentiels à la photographie, cela s'explique maintenant par le fait d'une émotion originaire antérieure à tout jugement, qui a cru reconnaître comme primitivement dans la figure photographique du réel l'ange d'un absolu hors du monde, et qui a fondé sur cette révélation passionnelle – en tant que relation première du poète à soi-même – la dialectique seconde d'une sagesse éclairée.

L'ontologie d'Yves Bonnefoy, par conséquent, non seulement se déchiffre commodément dans son rapport au photographique, mais doit vraiment beaucoup à la photographie, dont elle aura reçu les deux révélations successives de son mouvement singulier : d'abord la révélation émotionnelle, « gnostique », d'un ailleurs métaphysiquement supérieur ; ensuite la révélation qui corrige la première mais en préserve l'impression d'absolu, la révélation *réaliste* – ou intuition même de la poésie – de l'être et de la valeur de l'ici[1]. C'est donc avec une merveilleuse transparence que se dégage de cette méditation le troisième postulat ontologique conditionnant à la fois la sagesse du poète et sa réflexion sur la photo : *le postulat de son réalisme.*

Pour identifier l'être de l'ici à sa figure telle que la littéralité photographique la donne à voir, il faut identifier d'abord l'être et le monde ; il faut préalablement postuler l'unité essentielle de tout ; bref, il faut – et c'est la définition du *réalisme* en philosophie, et du *monisme* qui le fonde – déterminer le réel comme Un, et voir dans les phénomènes visibles la même réalité de l'Un que dans les phénomènes non visibles. Pour éprouver que l'effet du photographique est tantôt d'annoncer à la conscience le non-sens de tout, tantôt de révéler que ce qu'on voit est le réel comme tel apparaissant en son être même, *il faut présupposer d'abord une identité d'essence entre le visible et l'invisible, et entre le monde et le regard des hommes* : il faut aller, enfin, comme le fait Bonnefoy, jusqu'à poser que la

1. Une reconnaissance de cette dette, disons plutôt du rôle décisif de la photo dans la connaissance de soi à laquelle vise l'esprit de poésie, se trouve encore dans « Mes souvenirs d'Arménie », où le poète impute explicitement à la photographie (en noir et blanc) cette fonction d'alimenter le rêve « gnostique » de l'imaginaire métaphysique (lequel y est pensé comme un reliquat dans la conscience adulte, de souvenirs originaires d'avant le langage) : « Ce sont les photos d'églises comme T'Alin, Achtarak, Odzoun, campées dans leurs solitudes, qui m'avaient fixé à ce rêve et c'est à partir d'elles que celui-ci s'était propagé vers d'autres horizons de cette partie du monde » (*op. cit.*, p. 13).

présence et le rien sont de même substance, l'être et le néant ultimement de même essence.

« L'universelle présence, ou l'absence », lit-on dans le texte sur Cartier-Bresson[1] : car ces deux mots, chez Yves Bonnefoy, sont en profondeur radicalement synonymes. D'où par exemple la première phrase du texte sur Brice Toul : « Nous ne sommes qu'une de ces traces d'écume que la vague laisse derrière soi sur le sable : à peine formées elles se défont.[2] » *Nous ne sommes que la présence, c'est-à-dire : nous ne sommes que le rien, nous ne sommes que le monde, nous identiques au monde, qui est le rien et le tout.*

On n'est pas tenu de souscrire à cette ontologie, en particulier à ce dernier postulat (auquel les thèses défendues dans le présent livre s'opposent), mais on ne peut que vouloir en requestionner toujours l'inépuisable vibration.

1. « Henri Cartier-Bresson », *op. cit.*, p. 265.
2. « Nous ne sommes qu'une de ces traces d'écume… », *op. cit.*, sans pagination.

V. Révélation du monde

On croit voir une nouvelle photo, pourtant c'est toujours la même.

Vordemberge-Gildewart

L'ŒUVRE DE BERND ET HILLA BECHER est l'une des plus belles et des plus radicales de l'histoire de la photographie. Belle, elle l'est tout entière, d'une beauté silencieuse et simple qui se laisse voir immédiatement et qui nourrit celui qui s'y attache – mais encore faut-il savoir ce que « belle », ici, peut signifier. Et certes, radicale, cette œuvre l'est tout autant, sauf que cette radicalité aussi évidente que sa beauté, il n'est pas facile non plus de la décrire en toute rigueur, pas facile de savoir à quoi elle tient, ce qu'elle signifie, et au juste ce qu'elle *fait*. De sorte que cette œuvre est déjà grande certainement en ceci : elle oblige son spectateur à renouveler son expérience et son idée de la beauté, de la radicalité, ainsi que de la simplicité par laquelle celles-ci peuvent se produire. Disons pour commencer que cette œuvre *en est une*, pour le coup : une *œuvre* – ce qui est rare – pour cette raison justement qu'elle ne fait pas rien.

Les thèmes des pages suivantes peuvent être rassemblés sous les deux titres de la *transparence* et de l'*énigme*. Le premier de ces titres renvoie au livre de Jean Starobinski, *La Transparence et l'obstacle*, qui fait valoir le rôle de fondement que la pensée de Rousseau a reconnu à la subjectivité ; et le second renvoie à celui d'Yves Bonnefoy, *La Stratégie de l'énigme*, qui montre dans la combinaison, chez Piero della Francesca, entre l'intelligibilité des figures et leur « énigme », un modèle de véritable poésie. L'analyse qui va suivre portera conjointement sur la subjectivité et sur la « poésie » dans l'œuvre des Becher, pour autant qu'elle y sera obligée par la douce autorité de cette œuvre, par la *transparence* avec laquelle ses photographies montrent leur objet profond, et par l'*énigme*, cependant, dans laquelle celui-ci y paraît.

D'où suit que l'interprétation qu'on va lire montrera que cette œuvre en est une, bel et bien, *de poésie*, parce que la transparence de ses énigmes et l'énigme de ses transparences reconduisent son spectateur à son être propre, *à l'essence de sa subjectivité comme hétérogène au monde*. Cependant cette thèse ne sera convenablement posée qu'une fois que sera comprise la sorte de phénoménologie radicale que cette œuvre accomplit silencieusement.

1. Une phénoménologie

Il importe en premier lieu de se placer devant les photographies de Bernd et Hilla Becher comme eux-mêmes se placent devant les objets qu'ils photographient : d'en recevoir l'apparition, d'en accepter l'insolite et de demeurer nuement devant elles, sans congédier la surprise et même la stupeur, qu'elles provoquent. L'exposition réalisée au premier étage du Centre Beaubourg en 2004 avait merveilleusement rendu possibles ce suspens de la pensée devant ces images, cette interruption du savoir, des idées, des préjugés, cette délivrance de l'esprit, que la philosophie nomme l'*étonnement* nécessaire à la clairvoyance du regard. Les livres, de même, que les époux Becher ont publiés, il faut n'en pas tourner trop rapidement les pages, n'en pas refuser l'impression saisissante, et, par-dessus tout, ne pas trop tôt nommer celle-ci.

Par exemple l'appréciation la pire, la plus faussée d'entrée, de ces photos *qui ne ressemblent à rien*, serait celle qui les associerait tout de suite à d'autres, aux œuvres par exemple de Renger-Patzsch, d'August Sander, de Walker Evans, ou encore, en amont de l'histoire de la photographie, à celles fondatrices de Baldus ou de Le Secq. Évidemment il faudra tout de même, tout à l'heure, constater que l'œuvre des Becher appartient à une longue et complexe histoire des styles photographiques, des productions documentaires en particulier, et qu'elle a ses ancêtres, reconnus d'ailleurs et déclarés par les photographes et leurs historiens, dans la *Neue Sachlichkeit*, qu'elle a renouvelée à sa manière. Hilla et Bernd Becher, dans les divers *Entretiens* qu'ils ont donnés en plusieurs moments de leur carrière pour expliquer leur démarche étonnante, ont dit loyalement cette filiation, et leur reconnaissance est explicite pour plusieurs maîtres de la photographie « objective », ou de la photographie « exacte », celle qu'aux États-Unis on appelle volontiers la photographie « straight ». « De toute évidence, ont-ils dit, nous travaillons dans la tradition de la *Neue Sachlichkeit*.[1] » Pourtant, arriver nuement devant leurs photos, et aussitôt voir celles-ci arriver du site étrange qui est le leur, du lointain d'où elles se produisent, du dehors qu'elles apportent avec elles, est la seule expérience qui vaille ici, la seule susceptible de découvrir au spectateur le véritable plan où ces images agissent. Cette expérience serait irrémédiablement perdue si quelque recours que ce soit à des savoirs, à des réassurances culturelles, venait la refouler

1. Bernd et Hilla Becher, « Interview par Maria et Roswitha Fricke », *Art Press*, n° spécial, Hors série n° 17 / 1996, p. 32.

en lui substituant des raisons dont elle n'a que faire. Ces photographies sont d'abord *sans raison*, comme est « sans pourquoi » la rose d'Angelus Silesius. Les voir, les aimer pour ce qu'elles sont, ce n'est pas les reconnaître, ni les classer ni les estimer, c'est se livrer sans réserve ni abri à l'impression qu'elles donnent de venir *d'ailleurs* – de cet *ailleurs* dont l'analyse devra dire tout à l'heure le nom –, d'un tout autre lieu, en tout cas, que celui où les savoirs culturels sont compétents. Il faut supporter longtemps le silence de ces images. Il faut avant tout n'en rien savoir pour les laisser venir, pour éprouver à fond leur désert.

On n'ignore pas que cette œuvre s'est fait connaître en Allemagne auprès des représentants de l'Art minimal et de l'Art conceptuel ; mais encore qu'ils aient eu raison de ne pas dénier les analogies entre leur travail et celui de ces artistes, les Becher n'ont jamais cru non plus, c'est manifeste dans leurs commentaires, que ces mouvements esthétiques pourraient convenablement rendre compte de leur entreprise, celle-ci d'emblée extrême, menée à l'écart de toute association et indépendamment de ces mouvements dont ils étaient contemporains. C'est une parfaite solitude, en eux, qui aura permis ce grand projet sans pareil – une solitude qu'il faudra aussi que l'analyse identifie. De sorte que deux ou trois choses doivent d'abord être dites, que les commentateurs, pour la plupart, ont bien senties, mais qu'ils ont unanimement reléguées sous trop de savoir impatient.

D'une part, ce n'est pas l'histoire de la photographie, l'histoire de l'art photographique ou de l'art tout court, et ce n'est pas non plus l'histoire du document, de l'archivage, et pas même celle de la représentation « objective », qui sauront révéler ce que cette œuvre *fait* à qui se laisse approcher par elle. Ni l'histoire ni quelque science que ce soit ne diront ce qui se produit en profondeur avec l'œuvre des Becher. D'autre part, même les commentaires que ces deux photographes ont pu fournir sur leur travail commun, même les précisions par lesquelles ils ont su éclairer leurs intentions, leur technique et leur méthode, doivent n'être écoutés que modérément, avec une attention flottante : le plus souvent, le spectateur qui comprend qu'il doit s'exposer à l'énigme de leur œuvre et se laisser conduire par elle au monde qu'elle fait paraître, ne trouvera dans ces commentaires presque aucun secours. C'est qu'il y a, entre ces images et leur élucidation historiographique ou technique, la même différence qu'entre une ontologie fondamentale et une science empirique. L'œuvre des Becher – les démonstrations suivantes devront en édifier la preuve – est en profondeur une ontologie, et, plus précisément, une phénoménologie, laquelle est si radicale, que rien n'y fait : elle n'appartient que de façon adjacente, et non essentiellement, au domaine dont peuvent s'occuper utilement les histoires des sciences, des techniques ou des arts.

Une *phénoménologie* – ce mot ici réclame une explication – est une description non pas de ce qui apparaît, non pas des phénomènes, mais de l'apparaître de ce qui apparaît, ou encore de la phénoménalité elle-même et comme telle à laquelle les phénomènes doivent de se produire comme ils se produisent[1]. Dire, par conséquent, d'une œuvre de photographie qu'elle est une *phénoménologie*, c'est affirmer que ses photos ne mettent pas au jour une connaissance des phénomènes, mais une connaissance de leur phénoménalité, de leur mode d'exposition et de la condition transcendantale de leur apparition. Déterminée de cette façon, une telle œuvre ne peut pas relever d'une science, pas même de la science du paradigme à l'intérieur duquel les sciences empiriques travaillent, et, du coup, pas non plus d'une historiographie. La thèse ici posée est donc la suivante.

Si la question de savoir dans quelle mesure et selon quelles voies l'œuvre des Becher appartient à une tradition quelconque

1. « La phénoménologie ne traite pas des phénomènes apparus et apparents, elle traite du "mode d'exposition, *Art der Aufweisung*" de ces phénomènes : bref, non des phénomènes, mais, par eux bien que directement, de leur phénoménalité même. » (J.-L. Marion, *Réduction et donation*, PUF, 1989, p. 75).

de l'histoire de la photographie (à la tradition de la photographie « straight », ou à l'aire du document, ou au moment de l'art conceptuel, etc.), si cette question n'est pas du tout celle qui puisse répondre adéquatement à l'impression primordiale produite par cette œuvre ; et si, de même, les questions de savoir quelle intention ces deux photographes ont conçue ensemble, quels moyens ils ont adoptés pour son accomplissement et quelles conséquences ces moyens et cette intention ont impliquées, sont pareillement des questions inadéquates, ou du moins secondes et dérivées, parce qu'infidèles à la révélation essentielle de ces mystérieuses photographies, – cela vient de ce que celles-ci, en vérité, *ne montrent pas ce qu'elles montrent*, ou, du moins, ne le montrent pas seulement ni essentiellement, *pour autant qu'elles montrent, bien plutôt, le se montrer lui-même et comme tel, et non pas des phénomènes mais leur phénoménalité.*

Il convient d'affirmer cette thèse jusqu'au paradoxe (ne serait-ce que pour se porter au même degré de radicalité que celui où l'œuvre elle-même se trouve). Les photographies des Becher ne montrent pas, *malgré les apparences*, des « Tours de réfrigération », des « Gazomètres », des « Chevalements », elles ne montrent pas ce qui *apparemment* se montre en elles : des « Usines de traitement », des « Gravières », des « Fours à chaux », et elles ne donnent à voir ni ces choses ni leur représentation : ni des « Silos à céréales », ni des « Silos à charbon », pas des « Halles de production » et pas des « Hauts fourneaux », *pour cette raison qu'elles ne montrent justement pas des apparences* (ou plutôt qu'elles ne montrent celles-ci que secondement) *mais un apparaître*, et qu'elles ne manifestent pas, ou pas d'abord, et non principalement, ces phénomènes remarquables que les deux photographes ont cru photographier (des usines et des ustensiles, des machines et des fabriques), mais la phénoménalité elle-même à laquelle ces phénomènes doivent leur apparition. Même à la façon dont les Becher expliquent leur œuvre – leur œuvre hétérogène à leurs explications –, il faut opposer une autre certitude, celle qui se fonde dans l'impression gardée du choc et de la pénétration de son silence.

Or une première preuve qu'il s'agit bien là d'une phénoménologie est déjà fournie dans le mode de présentation des photographies.

D'une part, la production des images *par séries*, d'autre part les *groupements* de ces séries par neuf, ou par douze, ou par quinze photographies, tels que s'éveillent d'une image à ses voisines des analogies formelles, des rapports syntaxiques formant des ensembles – exactement des *tableaux* – fortement structurés, dont les interrelations verticales, horizontales, diagonales, se laissent lire peu à peu et dans tous les sens, assurent que cette œuvre est un discours – une *écriture*, pour le coup, *de la lumière* –, composé comme un texte, et quasi littéraire. Voir l'œuvre, on le comprend bien, ce n'est pas seulement *voir*, c'est aussi comme *lire*, ou comme repérer des accords tantôt majeurs et tantôt mineurs, des consonances et des dissonances entre éléments plastiques dont les rapports valent davantage que les parties constituantes. De sorte que le spectateur de l'exposition ou du livre devient vite une sorte de lecteur d'une langue sans mot, quoique manifestement structurée, et sans parole et sans voix, mais non sans énoncé. Ainsi le *voir* est ici tout pénétré d'un *re-voir*, et ce revoir lui-même est-il aussitôt un *comparer*. C'est d'ailleurs une intention très explicite des Becher que de provoquer, par ces séries et ces groupements, l'exercice capital de la *comparaison* entre les formes, entre les fonctions des machines qui se sont manifestées dans ces formes, entre les types d'outillages et les outils singuliers, entre la forme idéale que ces comparaisons suggèrent et les divers exemples donnés à distinguer. Voici par exemple l'une de leurs explications à ce sujet, parmi beaucoup d'autres analogues :

> [Nous voulions] répertorier l'information sous la forme la plus simple possible, sans prendre en compte les différences négligeables, afin d'exposer les structures de la façon la plus claire. Nous voulions offrir au public un point de vue ou, plutôt, une grammaire qui lui permette de comprendre et de comparer les différentes structures. Ce qui n'est guère faisable lorsque ces structures sont dans leur environnement naturel[1].

Mais que signifie *comparer* ? Et que signifie qu'une œuvre de photographie se donne comme l'occasion d'un comparer ? Comparer n'est possible entre des apparences singulières que sur l'horizon du comparable. L'horizon du comparable est la phénoménalité qui conditionne la sérialisation des apparences proposées à la comparaison. Cet horizon est un fonds de différences, d'analogies, de rappels et de surprises, de parallélismes et de ruptures, bref : de visibilités. La condition des « typologies » (c'est ainsi que les Becher aiment à désigner leurs tableaux composés), comme la condition des comparaisons entre les objets singuliers mis en relation dans ces typologies, est celle qui rend visibles les visibilités. De sorte que les Becher multipliant les photographies d'appareils singuliers, accumulant les séries constituées selon les apparences de ces singularités, produisant et re-produisant par centaines, par milliers, ces structures susceptibles, à l'infini, de groupements et de regroupements par conséquent innombrables, et montrant donc, plutôt que des photos, la *possibilité* de l'exercice de la comparaison entre celles-ci, leur œuvre ne produit pas à vrai dire tels ou tels « Hauts fourneaux », tels « Châteaux d'eau » ou tels « Tours de réfrigération », telles diverses apparences et diverses différences de ces machines, et elle ne produit, à la fin, pas même cet exercice de comparaison qu'ils disent vouloir ; car ce qui se révèle, maintenant, de cette œuvre et en elle, c'est la condition originaire sous laquelle ces apparences sont possibles, c'est le fondement lui-même

1. Cité par Armin Zweite, « Bernd et Hilla Becher : "Proposition pour une façon de voir". 10 perspectives », dans *Bernd et Hilla Becher*, Centre Pompidou, 2004, p. 31.

conditionnant les comparaisons, et c'est l'apparaître comme tel de ces apparitions.

D'ailleurs quel spectateur de l'œuvre – quel damné tâcheron ! – s'engagerait sérieusement dans ce travail de comparaison inachevable, insensé, désespéré, entre toutes ces « structures-outils » ? Qui se dévouerait jamais, se sacrifierait pour rien au fastidieux repérage des interminables analogies, des incessantes différences, des détails sans fin de la forme qui ici prolifère ? Ce ne sont pas des *apparences* que la lecture des groupements donne à percevoir. Ce ne sont pas des comparaisons que la syntaxe muette de ces « typologies » annonce à celui qui les admire. Ce ne sont pas des « machines-outils », pas des « bâtiments industriels », pas des « architectures techniques », et donc pas non plus des « gravières », ni des « silos », ni des « halles » ; ce n'est rien de *connu* (comme ces choses sont connues), ni rien qui soit apparu (comme apparaît une chose dans le monde des choses), que laisse voir cette œuvre alors vraiment extraordinaire et vraiment captivante ; car c'est donc l'apparaître de ces phénomènes, c'est l'horizon lui-même du comparable conditionnant le comparer, qu'elle exhibe et révèle, et c'est la condition transcendantale de toute apparition de choses.

Ici venus, redisons-le : les Becher en révèlent moins sur leur œuvre lorsqu'ils cherchent à l'expliquer, que n'en révèle sur soi leur œuvre elle-même. Leurs explications manquent souvent la vérité proprement inouïe de ce que l'œuvre fait. Par exemple voici comment, dans un texte de 1971, ils croient pouvoir identifier leur projet :

> L'information que nous voulons donner [...] ne surgit que grâce à la série, à la confrontation d'objets semblables ou différents, ayant une même fonction[1].

1. Cité par Armin Zweite, « Bernd et Hilla Becher : "Proposition pour une façon de voir". 10 perspectives », dans *Bernd et Hilla Becher*, Centre Pompidou, 2004, p. 15.

Mais ces recherches « morphologiques », comme ils les nomment, ne peuvent définir que leur projet seulement conscient, que leur seule intention dicible dans une explication seulement langagière ; elles ne désignent nullement le plan essentiel où la vraie recherche, celle de l'œuvre comme telle, a lieu, ni la vraie révélation qu'elle accomplit. La recherche de l'œuvre n'est pas celle que les Becher lui assignent quand ils veulent la justifier par des commentaires qui lui demeurent extérieurs, ce n'est pas une recherche « morphologique », c'en est une, de part en part, *phénoménologique*. L'œuvre n'ouvre pas les comparaisons annoncées, mais l'horizon du comparable ; elle ne manifeste pas, ou pas essentiellement, les apparences des choses photographiées, ni donc les différences ni les analogies entre ces choses, mais le venir même de ces apparences ; elle ne draine pas les objets particuliers vers leur ressemblance conduisant à leur type idéal, mais les phénomènes vers la phénoménalité ; et elle conduit le regard percevant ceux-là vers la contemplation de celle-ci.

De même, les deux photographes (ainsi que leurs commentateurs, qui les suivent sur ce point comme sur les autres) assurent volontiers qu'une vocation de ces photographies, c'est de favoriser la *reconnaissance* des choses.

> Nous ne voulons rien changer aux objets que nous photographions, et ce principe, nous le suivons aujourd'hui encore. Le seul procédé que nous nous autorisons consiste à dégager les objets en les prenant de façon à remplir le cadre ; ce qui ne répond pas à la réalité, car, sur le site, ils se trouvent d'ordinaire au milieu d'un chaos architectonique semblable à une jungle. Mais ce procédé est tout simplement nécessaire pour avoir une vue d'ensemble de leur forme et les reconnaître[1].

Pourtant non : le saisissement du spectateur qui garde sauf, en lui, l'incroyable silence de ces arrangements photographiques,

1. Cité par Armin Zweite, « Bernd et Hilla Becher : "Proposition pour une façon de voir". 10 perspectives », dans *Bernd et Hilla Becher*, Centre Pompidou, 2004, p. 9.

de cet énoncé inconnu de choses lointaines, ne peut que lui certifier, sans nul doute, que ce n'est que superficiellement que se produit en son esprit la *reconnaissance* des formes. Toujours déjà cette reconnaissance est débordée par un tout autre événement, autrement plus intéressant et infiniment plus rare, livré en amont du spectacle : c'est l'événement de l'évidence en laquelle l'apparaître apparaît. Les Becher assument la grande décision qu'avait prise Renger-Patzsch (et qu'ont reprise, depuis, tous les représentants du « style documentaire »), selon qui la photographie a pour fonction et pour grandeur de « reconnaître », et de « mettre en évidence »[1]. Mais que veut dire *mettre en évidence*, quand cette *mise* elle-même est *remise* à l'infini dans une procession interminable de combinaisons syntaxiques ? Mettre en évidence n'est pas, dans l'œuvre des Becher, ce qu'ils pensent pouvoir en dire dans leurs commentaires : ce n'est pas faire apparaître *ce* qui apparaît, mais faire apparaître son *apparaître* lui-même ; ce n'est pas mettre en vue ce qui a déjà été vu et le reconnaître comme tel, c'est mettre ce qui est vu dans la condition qui est la sienne, dans cette condition qui le fonde, de se manifester.

Ainsi s'expliquent l'énigme, et sa transparence. D'une part, ces séries, ces groupements, ces remises syntaxiques et ces reformulations typologiques, et, d'autre part, cette abstraction des objets hors de leur milieu géologique et social (grâce au cadrage frontal et au plan exhaustif saturant la page), enfin cet arrachement des apparences à leur environnement, ce sont autant de méthodes pour *suspendre*, autant qu'il est possible, l'insertion des phénomènes dans les réseaux discursifs qui ordinairement les offusquent, et pour *surprendre*, du coup, en lieu et place du phénomène, sa manifestation pure à laquelle il doit de se produire. Ces méthodes portent un nom dans le vocabulaire classique de la phénoménologie : le nom de « réduction ». C'est sous ce titre de *réduction*

1. Cité par Armin Zweite, « Bernd et Hilla Becher : "Proposition pour une façon de voir". 10 perspectives », dans *Bernd et Hilla Becher*, Centre Pompidou, 2004, p. 14.

qu'il convient désormais de ressaisir les différents moyens auxquels l'œuvre des Becher doit son pouvoir révélateur.

Ces moyens sont les mêmes, mais poussés à bout, que ceux de tout grand style documentaire[1]. La netteté du rendu plastique et son exactitude ; la centralité simple et la frontalité du cadrage ; le statisme de la représentation, son apparente sécheresse, sa sobriété esthétique, et du coup son éthique de la pureté, de la rigueur, de la sévérité directe et comme froide ; la coïncidence (énigmatique et transparente) entre la retenue des procédés et la démesure de la sérialisation ; la clarté affichée d'une exigence de véracité aussi honnête que modeste, et, tout autant, la bizarrerie d'un catalogage tellement systématique, d'une si monumentale collection, comme démentielle, de tant d'archives ; la survalorisation du document pur, et, identiquement, la surexposition d'un projet d'art ; le respect quasi maniaque, ou religieux, des objets comme ils paraissent dans le monde, et, aussi bien, la quasi-disparition de ces objets dans leur transfiguration par les groupements, les regroupements, les tableaux autonomes ; la référentialité des clichés, et, aussitôt, la promotion autotélique des formes renvoyant à elles-mêmes dans la superbe autosuffisance de l'œuvre ; le témoignage rendu au monde extérieur, aux architectures de l'industrie en son âge moderne aujourd'hui dépassé, et, pourtant, l'indifférence lointaine du tableau fini, en particulier son indifférence aux conflits sociaux et aux drames humains dont ces architectures sont néanmoins les preuves ; l'absence d'artifice, et une artificialité maximale ; la saisie mécanique, impersonnelle, des choses, et un style très obstinément signé ; un réalisme absolu, un maniérisme total ; une loyauté sans égale, une

1. Sur le « style documentaire », il faut lire l'ouvrage d'Olivier Lugon (très éloigné de la perspective ici adoptée) : *Le Style documentaire. D'August Sander à Walker Evans. 1920-1945*, Macula, 2001 ; ainsi que l'anthologie du même auteur : *La Photographie en Allemagne. Anthologie de textes (1919-1939)*, Jacqueline Chambon, 1997. Voir aussi, sur le style des Becher, Éric de Chassey, *Platitudes. Une histoire de la photographie plate*, Gallimard, 2006, p. 127-144 ; et Thierry de Duve, « Bernd et Hilla Becher ou la photographie monumentaire », *Les Cahiers du Musée national d'art moderne*, n° 39, printemps 1992.

magistrale rouerie ; un retrait des auteurs hors de leurs images, mais des auteurs d'autant plus présents, et souverains, que retirés ; une objectivité inconnue, des artistes reconnaissables ; des photos transparentes, une énigme photographique…

Décidément, les deux titres de *transparence* et d'*énigme* peuvent caractériser ces moyens de la *réduction*. Lesquels moyens délivrent les « Silos », les « Tours de refroidissement », les « Chevalements », les « Châteaux d'eau », etc., de ce qu'on croyait connaître d'eux, ils les désencombrent des notions qui les filtraient jusqu'à notre regard, et ils lavent ce regard lui-même du magma intellectuel dont il est fait, de ses préjugés, de ses motifs et de ses causes, de ses fantasmes et de ses idées. La vertu de la méthode phénoménologique joue ici à plein : la transparence des tableaux des Becher permet un accès, non pas aux choses mêmes (comme le croyaient volontiers un Renger-Patzsch ou un Walker Evans pour leur propre travail), mais à la venue de ces choses à la lumière, et, encore plus en amont, au venir originaire de cette venue. L'énigme, par conséquent, c'est celle de ce venir lui-même, ordinairement voilé.

L'œuvre dévoilante des Becher doit sa puissance de dévoilement à la réduction phénoménologique que ses moyens accomplissent silencieusement, qui rendent le milieu *transparent*, par lequel le regard peut voir – clairement – l'*énigme* de l'apparaître, l'étrangeté absolue de cette évidence.

2. Une phénoménologie *radicale*

Maintenant l'analyse doit rendre compte d'une dimension de l'œuvre encore inaperçue, une dimension primordiale à laquelle peut conduire l'élucidation du rendu *impersonnel* de ces images documentaires.

Il ne suffit pas, devant cette œuvre, de parler comme on le fait par exemple devant celles d'August Sander ou de Berenice

Abbott, d'un réalisme à la manière de Flaubert, où l'affectivité des auteurs n'apparaît pas, où l'individualité achève sa presque disparition élocutoire. Cela ne suffit pas, parce que cela n'explique toujours pas l'impression décisive du spectateur, son impression persistante d'une visitation très distante, d'un monde comme absent, d'une sorte inconnue de dehors, qu'on dirait monstrueusement logé dans ces apparitions. Il faut préserver cette impression d'énigme et lui être fidèle, il faut que l'analyse reste gouvernée par elle, et qu'elle en sache découvrir l'origine et le fondement.

Assurément, extraordinaire est chez les Becher l'impersonnalité de leur mise en œuvre parfaitement dépourvue d'affects, de sentiments, d'expressivité, de passion quelconque. « Notre travail était objectif, ont-ils dit, il évitait toute subjectivité.[1] » Et encore : « Prendre les objets de face leur donnera le maximum de présence et permettra d'éliminer le risque d'être trop manifestement subjectif. [...] Il faut être clair, et non pas sentimental.[2] » Mais pourquoi s'ensuit-il que leurs images ait cet air quasi monstrueux ? À quoi tient que cette impersonnalité semble atteindre ici un degré si extrême qu'elle en paraît comme excessive, qu'elle se transforme non certes en son contraire, mais en un surcroît d'énigme ? Ici la distance des constats, l'objectivité littérale, la neutralité a-subjective – tous les moyens de la transparence – s'érigent au rang de problème.

Deux propositions seront désormais déployées, qui légitimeront le titre de phénoménologie *radicale*. D'une part, si l'apparaître que les tableaux des Becher donne à contempler est celui d'un dehors absolu, et si ce dehors, en effet, en est un, et s'il est absolu, c'est par rapport à la subjectivité qu'il exclut. D'autre part, l'œuvre qui laisse paraître le venir de ce dehors, qui le révèle en

1. « Interview par Maria et Roswitha Fricke », *op. cit.*, p. 31.
2. B. et H. Becher, « La petite musique des hauts fourneaux. Interview par James Lingwood », *Art Press*, n° 209, janv. 96, p. 26.

tant que le dehors qu'il est, c'est-à-dire excluant la subjectivité, est une œuvre dans laquelle se manifeste le photographique comme tel, *l'essence même de la photographie.*

Sans doute convient-il de commencer par ce dernier point, d'en marquer ouvertement l'enjeu, ainsi que la portée polémique.

À peu près tous les historiens de la photographie s'emploient régulièrement à dissuader les chercheurs de postuler une essence de la photographie, à disqualifier les travaux posant une telle essence, et cherchent à récuser que puisse être féconde et simplement recevable quelque ontologie que ce soit dans ce domaine[1]. Il faut pourtant qu'ils s'y résignent : l'essence de la photographie, c'est *évidemment* ce qui se découvre dans une œuvre de photographie quand cette œuvre est *grande* (pourvu qu'on accepte de voir avant de savoir, qu'on se laisse toucher avant de légiférer, et qu'on recueille ce qui excède tout savoir). Grande, exemplairement, est l'œuvre des Becher, même très grande : en ce qu'elle donne à contempler le photographique lui-même et comme tel, soit l'essence de la photographie – c'est-à-dire : l'horizon originaire sur le fonds duquel toute photographie est possible, la condition transcendantale à laquelle toute photographie doit de pouvoir se produire, la phénoménalité conditionnelle des phénomènes photographiques. Qu'on les écoute à ce sujet :

> Si une forme photographique devait survivre, disent-ils, c'était la photographie objective. Après les deux guerres mondiales, il était de bon ton, chez les artistes allemands, de ne pas regarder la réalité en face, d'ignorer l'histoire. Le style documentaire était devenu impossible. Nous avons pourtant voulu retourner *aux sources mêmes* de la photographie parce que c'est un moyen très riche de représenter la réalité. C'est même un cadeau du ciel[2].

1. Ces avertissements n'empêchent pas qu'une recherche fondamentale – *critique de la raison photographique* – soit ici poursuivie. Le présent essai vise à montrer que l'œuvre des Becher est une admirable illustration des thèses posées plus haut dans « La philosophie de la photographie ».
2. Cité par A. Zweite, *op. cit.*, p. 7. C'est moi qui souligne.

L'analyse conduite ici prend au sérieux cette idée de « *sources* », et de sources « *mêmes* » de la photographie.

Certes c'est toute la tradition du style documentaire qui a revendiqué pour lui-même ce privilège de faire valoir un « propre » de la photographie, et d'être parmi les innombrables usages du processus photographique le seul qui soit fondé sur ses « spécificités », adéquat à son « essence ». Olivier Lugon a montré avec force que ce thème, de Sander à Evans, est constant ; c'est donc *contre* sa critique, parce qu'elle est précise et solide, qu'il convient de réaffirmer, au plan phénoménologique où son historiographie n'atteint pas, la justesse et la pertinence de cette thèse ontologique.

Olivier Lugon fait remarquer combien « divers » et « contradictoires » auront été les critères mis en avant par les photographes du style documentaire pour isoler leur supposé « noyau fondamental de la photographie », et il conclut de ces tentatives hasardées, « dont aucune n'est illégitime », dit-il, mais dont toutes son illusoires, sa propre thèse :

> Les fameuses spécificités du médium ne constituent donc en rien, comme le croyaient les modernes – tous, mais différemment –, une essence unique, irréductible et universelle, apanage de tel ou tel courant ; elles ne sont jamais qu'une construction toujours changeante, le produit fluctuant du goût et du choix esthétiques[1].

Mais cette conclusion n'est pas admissible. Si c'est à tort, en effet, que les photographes du style documentaire ont cru pouvoir identifier au photographique comme tel l'un ou l'autre des divers traits esthétiques qu'ils privilégiaient dans leur pratique ; et si ces traits ne peuvent qu'indûment être érigés en critères heuristiques susceptibles de jouer le rôle ontologique que ces auteurs attendaient d'eux ; si enfin ces constructions ne constituent que des légitimations *a posteriori* de choix particuliers ; cela ne plaide pas du tout

1. O. Lugon, *op. cit.*, p. 120. Voir aussi le même traitement de la question p. 246, note 1.

contre l'hypothèse philosophique d'une essence de la photographie, ni ne peut infirmer la thèse de son « noyau fondamental » : car cela signifie seulement que cette essence se trouve ailleurs que dans ces critères esthétiques en l'occurrence hypostasiés.

Il en va de même chez les Becher. Ce n'est pas le traitement lumineux des images qui est spécifiquement adéquat à l'essence de la photographie, et qui révèle cette essence ; ce n'est pas non plus la précision du rendu ni le respect des objets qui peuvent valider l'idée d'un retour « *aux sources mêmes* », ni laisser monter celles-ci dans les images ; et ce n'est pas davantage le cadrage ou le point de vue, l'attention aux détails ou l'arrachement du motif à son environnement, la frontalité ou la neutralité, etc., qui peuvent manifester l'essence et justifier la thèse ontologique. Mais cela n'empêche : tous ces traits distincts et tous ces choix formels, quoique revendiqués à tort par les uns ou par les autres, n'en *procèdent* pas moins du « noyau fondamental » – bel et bien de *l'essence* – qui leur est commun. Ce noyau spécifique n'est certes pas identifiable à l'une ou l'autre des infinies possibilités esthétiques du processus photographique, à l'un ou l'autre des traits plastiques ou techniques exalté par telle ou telle œuvre, mais il se trouve tout de même, à l'amont de toute photo, en tant que la structure ontologique conditionnant ces possibilités et déterminant ces traits. L'œuvre des Becher révèle cette structure fondatrice : c'est l'apparaître du dehors comme exclusif de la subjectivité, c'est la phénoménalité dans l'horizon de laquelle celle-ci est impossible.

Voici donc la thèse assumée ici. *L'impression d'énigme éprouvée dans la transparence avec laquelle s'imposent les tableaux des Becher, vient de ce que l'apparaître exhibé par ces tableaux est celui dans lequel nulle subjectivité ne peut jamais se produire.*

Telle est l'énigme : ce monde (« industriel », si on veut ; « technique », admettons ; « structures-outils », comme on dit – mais ces caractérisations sont superficielles et dérivées, elles rabattent l'inconnu, qui est la phénoménalité elle-même, sur des concepts connus qui l'offusquent), ce monde qui n'est pas fait de « chevalements » ni de « halles de production », ni de « silos » ni de « fours », mais qui est le fonds donateur de ces phénomènes, *n'est rien de subjectif*, rien de passionnel ni de pathétique, rien d'affectif, rien d'individuel – et c'est en cela qu'on peut l'appeler *le monde*. Mais à cette thèse est arrimée la suivante.

Que l'apparaître du monde paraisse dans ces tableaux, et qu'il y paraisse en tant que tel, en tant que la phénoménalité excluant toute subjectivité, que les photos des Becher soient donc rigoureusement intactes, que rien d'individuel, de pathétique, aucune des modalités de l'affectivité, ne puisse s'y produire, c'est ce qui fait de cette œuvre, d'une part, une phénoménologie radicale, d'autre part une mise en évidence du photographique lui-même.

D'où sa beauté fascinante (dans sa transparence identique à son énigme) : elle révèle que le monde est un dehors, elle le révèle comme dehors, révélant du même coup que la subjectivité n'est pas du monde. D'où aussi son impeccable probité : elle donne à voir *seulement* ce qui se donne à voir par le monde, par l'horizon de ce qui, se donnant ainsi, n'est pas invisible, n'est pas subjectif. D'où enfin son pouvoir proprement philosophique : elle montre l'énigme de ce qui se montre dans le monde, et que tout ce qui s'y voit, par le fait qu'il s'y voit et par le fait du monde, est énigme ; et elle dresse l'énigme à son rang de mystère, et donne à penser celui-ci : le grand mystère de l'altérité du monde – son absolu dehors – par rapport à la subjectivité.

Pourtant, les Becher, en tant qu'individus qui travaillent, sont comme tout un chacun, aussi subjectifs que possible et tout à fait sentimentaux : Bernd et Hilla, époux vraiment conjoints (qui regardent ensemble, c'est le moins qu'on puisse dire, dans la même direction), disent souvent dans leurs Entretiens l'*émotion* avec laquelle ils approchent, en Europe, aux États-Unis, les captivants objets qu'ils vont photographier, la *passion* qu'ils ont pour ces choses, et la *sensibilité* qui les guide : célébrant même, loyalement, la « sensation primitive » de leur regard, l'impression de quelque chose de « magique », et le « *feeling* » qu'il leur faut, qui les atteint, dont on comprend qu'il aura été l'appel le plus profond, à l'origine de leur immense travail[1]. « Nous avons un rapport affectif aux objets que nous rencontrons, même si la sentimentalité n'a pas besoin d'apparaître dans la photo.[2] » « Oui, un effet magique, surtout en ce qui concerne des objets qui ne peuvent pas être embrassés du regard. [...] *Cela commence par la fascination*, l'attrait de l'exotisme.[3] » Quentin Bajac en a témoigné : « Ils sont très attachés sentimentalement à ces formes.[4] »

Or que devient dans l'œuvre cette dimension subjective ? Autrement dit : qu'en est-il du *point de vue* par lequel les photos sont prises ? Le noir et blanc, comme le cadrage isolant et global, vise à produire de chaque forme une identité comparable à une autre, et qui puisse être dite dans l'énoncé sans voix du groupement formant tableau. Chaque image obéit ainsi à une double prescription antérieure à sa réalisation : elle devra assurer le programme de l'identification des formes et satisfaire aux exigences prédéfinies de l'insertion dans le tableau. Ainsi, le point de vue est de part en part régi par un ordre conceptuel, qu'il exécute. De même que le noir et blanc est au service de cet ordre, de la classification et de la taxinomie finales, de la lisibilité qu'entraverait la couleur ; de même que le noir, donc, est au fond un concept, le blanc tout autant, et leur composition une syntaxe (une écriture de la lumière) ; de même, le point de vue n'a qu'une

1. Voir le propos cité par A. Zweite, *op. cit.*, p. 26 : « Et c'est là quelque chose que vous sentez, c'est un feeling que vous procure uniquement le temps que vous avez passé face à des centaines d'objets. On ne saurait l'éprouver autrement. »
2. B. et H. Becher, « Un monde comme une forêt vierge », propos recueillis par Emmanuelle Lequeux, *Le Monde*, 4 nov. 2004.
3. « Interview par Maria et Roswitha Fricke », *op. cit.*, p. 31. C'est moi qui souligne.
4. Q. Bajac, « Ils ont un regard d'artiste », propos recueillis par M. J., *L'Humanité*, 19 oct. 2004.

fonction toute didactique, il est adopté de façon purement intellectuelle, en vue d'un voir qui soit un savoir[1]. Ce point de vue n'est donc nullement *de quelqu'un*, aucun individu réel ne s'exprime en lui : il est le résultat méthodiquement obtenu par un accord méthodologique entre *deux* opérateurs (les deux photographes), une fonction logique de leur programme commun, surdéterminant la prise de vue. Le fait que ce point de vue soit surélevé (parce qu'ils trouvent un surplomb ou bien fabriquent une échelle, où ils montent leur appareil) confirme qu'il est lui aussi un concept : au-dessus du sol, au-dessus d'un regard d'homme aux pieds sur terre, ce point de vue est exclusivement celui d'une *théorie*. Cela signifie qu'il est *vu* lui-même comme point de vue *avant* d'être au commencement des vues, qu'il est vu théoriquement comme *objet* du programme, du voir théorique qui le voit d'avance, objet *avant* d'être point de vue, et point de vue donc entièrement objectif.

La subjectivité du point de vue est une objectivité théorique, dans cette œuvre mécaniquement systématique. La dimension subjective de l'expérience des Becher ne peut pas apparaître dans leurs prises de vue, et c'est la raison pour laquelle le monde qu'elles exhibent avère son énigme. Cette œuvre est une *theoria* : « Mais la *theoria*, comme l'écrit Michel Henry, n'est et ne peut être que le regard porté sur l'être extérieur et comme tel toujours énigmatique[2]. » *L'énigme s'énonce en silence comme vérité en creux : ce qui s'énonce en elle spectralement, c'est la subjectivité en tant qu'elle est hétérogène au monde, c'est l'impression ressentie que l'essence de la*

1. Vilém Flusser a décrit cette traduction des concepts en images dans ce texte remarquable : « Les photos en noir et blanc sont la magie de la pensée théorique, dans la mesure où elles transforment le discours théorique linéaire en surfaces. Là réside leur beauté propre, qui n'est autre que la beauté de l'univers conceptuel. Ainsi, nombre de photographes préfèrent les photos en noir et blanc aux photos en couleur du fait qu'elles manifestent plus clairement la signification propre de la photographie – c'est-à-dire le monde des concepts » (V. Flusser, *Pour une philosophie de la photographie*, Circé, 1993, p. 47).
2. M. Henry, « Le concept de l'être comme production », *Phénoménologie de la vie. De l'art et du politique*, tome III, Puf, 2004, p. 38-39.

subjectivité (l'essence de l'impression) est d'une autre essence que le monde[1].

C'est donc comme radicalisation du projet intérieur au style documentaire que l'œuvre des Becher met en évidence le photographique comme tel. C'est comme cette *theoria* excluant de soi toute dimension subjective, objectivant la subjectivité, qu'elle donne à contempler la phénoménalité du monde, et à découvrir que celle-ci ne reçoit rien de subjectif. « La vérité logique qu'incarne la photographie-document », comme dit André Rouillé, accomplit dans cette œuvre sa manifestation exhaustive, somptueuse et déserte, et s'y déclare comme telle avec éclat :

> La transparence de la photographie-document est la forme majeure du vrai en ce qu'elle est la manifestation d'une loi plus générale : celle du logos et de la raison, charpentée par le calcul, les proportions, la logique, l'intelligence, l'explicite. La vérité du logos est celle-là même que supporte la photographie. [...] L'apparition de la photographie et de la société industrielle coïncide avec une grave crise de la vérité, avec le déplacement de celle-ci du domaine du pathos vers celui du logos[2].

Mais ce qu'énonce cette vérité logique, ce qu'elle énonce sans voix (sans corporéité, sans toucher, sans subjectivité) quand elle est supportée et transmise par la photographie, *c'est le monde* – le monde muet ainsi révélé en son apparaître propre, le monde en tant que le désert, *dont la subjectivité n'est pas et ne peut pas être.*

1. Le texte à l'instant cité de Michel Henry auquel je dois cette interprétation de l'*effet d'énigme* (effet des tableaux des Becher, effet du photographique, effet de la vue du monde) formule comme suit sa thèse fondamentale, radicalement non grecque : « Si une proposition théorique subsiste dans sa prétention à exprimer la vérité, c'est d'une manière très particulière, en tant qu'elle ne contient plus cette vérité et ne la donne plus à "voir" en elle-même, mais en tant qu'elle indique hors d'elle, et comme l'autre absolu d'elle-même, le lieu où la vérité s'accomplit » (*ibid.*, p. 39). Adoptant ce vocabulaire, je ne veux dire que ceci : *L'œuvre des Becher est une proposition théorique indiquant que c'est hors d'elle, comme l'autre absolu d'elle même, que la vérité s'accomplit, la vérité de la subjectivité qu'elle sait ne pouvoir donner à voir.* Ainsi cette œuvre *subsiste* à bon droit dans sa prétention légitime à *exprimer* si particulièrement la vérité.
2. A. Rouillé, *La Photographie*, *op. cit.*, p. 117.

Toute photographie montre peu ou prou le désert (du monde), parce qu'elle exécute le programme d'une machine optique dont le dispositif assigne à l'observateur une place surdéterminée par l'instrumentation et par les lois de la géométrie, une place toujours déjà objectivée, logique, machinée conceptuellement. L'œuvre des Becher, parce qu'elle obéit systématiquement à la vérité logique importée de la pensée rationnelle dans l'appareil-photo et dans le processus photographique, montre non seulement ce qu'elle montre, mais qu'elle le montre comme il se montre, et qu'il se montre en effet *logiquement*, c'est-à-dire exempt de tout pathos, étranger à toute passion – *dehors*. Elle accomplit ainsi – et elle expose qu'elle l'accomplit – l'essence de la photographie telle que l'avait sobrement dégagée Roger Munier dans un livre solitaire, audacieux et profond (que les historiens ne citent jamais), *Contre l'image* :

> C'est le monde tel qu'il est, en son profil immédiat, [que la photographie] restitue. [...] Au monde nié de la représentation plastique succède dès lors le monde affirmé comme pur en-soi, érigé dans sa différence devant le regard. L'image objective rend possible ce paradoxe que le monde se propose lui-même, se pro-nonce, si j'ose dire, avant tout langage humain. [...] C'est le monde pour ainsi dire à l'état pur, dans la pure projection de son essence, hors de toute préhension. Le monde tel qu'il serait, s'il pouvait s'ériger comme « monde » hors d'un rapport dialectique à l'humain[1].

Ou bien qu'on lise dans le merveilleux essai de Focillon, *Éloge de la main* (lui aussi un texte mal aimé) cette méditation qui vaut pour toute photographie parce qu'il touche à l'essence de chacune, et qui semble fait par avance pour décrire celles des Becher :

> Quel malaise pourtant nous saisit devant ces images si parfaites ! [...] Une perception pure, dépouillée de substance et de

1. R. Munier, *Contre l'image* (1963), Gallimard, 1989, p. 27-29. Voir aussi du même auteur le très beau texte qui reprend ce propos : « Photographie », dans *Le Chant second*, Deyrolle Éditeur, 1991.

densité, ou plutôt un éblouissant souvenir optique, fixé dans cette mémoire cristalline qui retient tout, la chambre noire. La matière, la main, l'homme même sont absents. Ce vide absolu dans la totalité de la présence est chose étrange. Peut-être ai-je sous les yeux l'exemple d'une poétique future : je ne puis peupler encore ce silence et ce désert[1].

La condition transcendantale de ce silence et de ce désert ; la vérité ultime de ce logos muet, étranger aux hommes qui le voient ; bref, l'essence du monde telle que la donnent à voir ces objets formidables exposés dans ces photos, quelle est-elle finalement ? La pure grandeur de l'œuvre est qu'elle répond à cette dernière question aussi nettement que possible. Qu'on en regarde encore une fois les prestigieux tableaux, et qu'on en écoute l'énoncé le plus lointain : *ce qu'ils révèlent, ultimement, c'est le temps*. L'horizon donateur de ces structures-outils, de ces fonctions-formes, de ces programmes-images – monstrueuses apparitions –, c'est bien celui-ci : *le temps*, sur le fonds duquel paraît toute chose du monde. « Peut-on voir votre travail comme une réflexion sur le temps ? », a-t-on demandé un jour aux Becher – et telle fut leur réponse à tous égards méditable :

> Oui, sous deux aspects : dans nos clichés, le temps est rassemblé, collectionné par la chambre, qui nécessite de très longues poses. Tout ce qui bouge est banni. En échange, on a un résultat que l'œil ne peut pas capter. Autre chose : cet univers de l'industrie lourde a été très éphémère, il n'a pas duré plus de cent cinquante ans ; c'est juste une respiration dans le temps de l'histoire. Cela a été très important, mais c'est déjà passé. Dès nos débuts, on savait que des temps nouveaux allaient surgir[2].

La vingtaine de secondes exigée par l'enregistrement : « une très longue pose ». Les cent cinquante ans de la modernité industrielle : « juste une respiration ». L'œuvre surdéterminée, d'un côté, par la chambre enregistreuse, et, d'un autre côté, par l'extériorité

1. H. Focillon, *Éloge de la main*, dans *Vie des Formes* (1943), PUF, 1981, p. 126.
2. « Un monde comme une forêt vierge », *op. cit.*

enregistrée, trouve sa condition dans cette rencontre où se croisent deux temporalités identiquement techniques, celle du processus d'enregistrement auquel il faut que les photographes se soumettent, et celle du processus historique ayant produit la grande industrie, dans lequel l'Occident est engagé. La brève durée de l'enregistrement paraît longue, qui rencontre, pour la pérenniser, la longue durée de l'industrie, qui paraît brève. Ce qui sort de cette rencontre, ce n'est pas ce qu'un œil ordinairement « peut capter » : car c'est d'abord une photo, puis une série d'autres photos analogues obtenues par réitération de la même rencontre, et dans lesquelles est révélée la temporalité du monde identiquement à l'œuvre dans l'enregistrement et dans l'histoire. Ces photos, par conséquent, révèlent des ruines, ou, comme l'a dit une interprète sagace, « une espèce en voie de disparition »[1].

C'est ainsi que l'œuvre entière met en évidence la finitude du temps comme horizon du monde. La disparition prochaine, commencée déjà, des usines et des types de machines ; l'anticipation de leur enregistrement programmé ; le déroulement de la prise de vue ; la répétition, un peu plus tard, de la procédure préconçue ; l'inquiétude de voir sombrer ce paysage industriel qu'un autre paysage, toujours et déjà, va remplacer ; l'archivage des images pour mémoriser les formes, pour conjurer en photos leur disparition en faits ; tout ici procède du temps, le met en œuvre et le révèle. « La plupart de ces structures, disent encore les Becher, disparaissent. Elles sont démantelées, ou rouillent et tombent en ruine. Notre combat principal, c'est le combat contre le temps. C'est notre priorité.[2] »

1. Sophie Trelcat, « Bernd et Hilla Becher. L'usine épinglée », *Art Press*, n° 305, sept. 2004, p. 52. De même, Bernd Becher a pu définir ainsi « l'idée » première de l'œuvre : « [...] nous nous sommes aperçus qu'un certain monde industriel était en voie de disparition et nous avons eu l'idée de l'enregistrer. » D'où cette proposition frappante sur la *fin* de leur travail : « Je pourrais dire qu'un projet est terminé lorsque l'objet est détruit » (« Entretien avec Jean-François Chevrier, James Lingwood et Thomas Struth », *Une autre objectivité*, J.-Fr. Chevrier et J. Lingwood, Idea Books, 1989, p. 57).
2. Cité par A. Zweite, *op. cit.*, p. 33.

La monumentale majesté de l'œuvre lui vient de ce combat, et simplement de ce que son objet profond est le temps.

Or ce temps qu'elle vise, et par lequel elle est gouvernée, se révèle aussi comme le temps propre du photographique, comme ce temps auquel l'essence de la photographie consacre irrésiliablement toute photo possible. Ce temps est en effet nécessairement le futur antérieur. Car quand l'œuvre prend une photo (on peut dire désormais que c'est l'œuvre elle-même qui la prend, plus encore que les photographes), elle anticipe sur la destruction qu'elle conjure, et sur le regard rétrospectif qui sera plus tard porté sur cette image valant souvenir. Anticipation d'une rétrospection, prévoyance d'une nostalgie, prévision d'un souvenir – une photographie des Becher est la même chose que toute photographie, dont elle exhibe l'essence. La rigueur et l'obstination avec lesquelles elle donne à voir la condition transcendantale du monde – le temps –, cette condition par laquelle toute chose du monde reçoit le même destin et passe, par le même fleuve, d'abord de l'état de chose inapparue à celui d'apparaissante, puis de celui d'encore présente à celui de disparue, cette rigueur morale autant qu'esthétique, et cette obstination aussi courageuse qu'angoissée, lui donnent à la fin sa beauté de *pyramide*. Car c'est bien dans ce monde, dans ce temps, que toute chose va mourir, que toute chose du monde est bientôt morte, et que le grand art se souvient.

La dernière leçon qui s'en dégage, et qui suffit à rendre raison de l'ambivalence qu'on éprouve insurmontablement devant cette œuvre, et, par conséquent, devant toute photographie (fascination et insatisfaction mêlées, reconnaissance et sourde protestation, accord et irrésignation), s'énonce à la fin comme ceci : *toute photo est de ruines, il n'est de photo que du temps.*

Bibliographie

Q. Bajac, « Ils ont un regard d'artiste », *L'Humanité*, 19 oct. 2004.

R. Barthes, *La Chambre claire. Note sur la photographie*, L'Étoile, Gallimard, Le Seuil, 1980.

O. Bätschmann, et P. Griener, *Hans Holbein*, traduction de A. Sautier-Greening et B. de Brimont, Gallimard, 1997.

Ch. Baudelaire, *Œuvres Complètes I et II*, Édition de Cl. Pichois, Gallimard, « Bibliothèque de la Pléiade », 1975 et 1976.

B. et H. Becher, « Anonyme Skulpturen », in *Anonyme Skulpturen. Formvergleiche industrieller Bauten. Fotos von B. und H. Becher*, Düsseldorf, Städtische Kunsthalle, 1969. – *Anonyme Skulpturen. Eine Typologie technischer Bauten*, Düsseldorf, Art-Press Verlag, 1970. – « Entretien avec Jean-François Chevrier, James Lingwood et Thomas Struth », *Une autre objectivité*, J.-Fr. Chevrier et J. Lingwood, Idea Books, 1989. – *Bernd und Hilla Becher. Grundformen*, Munich, Schirmer / Mosel, 1993. – « Interview par Maria et Roswitha Fricke », *Art Press*, n° spécial, Hors série n° 17 / 1996. – « La petite musique des hauts fourneaux. Interview par James Lingwood », *Art Press*, n° 209, janv. 1996. – *Industrielandschaften*, Munich, Schirmer / Mosel, 2002 [Entretien par S. Lange]. – « Un monde comme une forêt vierge », *Le Monde*, 4 nov. 2004. – *Bernd et Hilla Becher* [Catalogue], Centre Pompidou, 2004.

S. Beckett, *Proust*, traduction d'É. Fournier, Éditions de Minuit, 1990.

É. Bertaux, *L'Art dans l'Italie méridionale*, A. Fontemoing, 1903.

Y. Bonnefoy, « La poésie est la propédeutique de la démocratie », *Le Monde*, 7 juin 1984. – *Récits en rêve*, Mercure de France, 1987. – *Photographies de Martine Franck*, Amiens, Trois Cailloux, 1988. – *Début et fin de la neige*, Mercure de France, 1991. – « Henri Cartier-Bresson » (1979), *Dessin, Couleur et Lumière*, Mercure de France, 1995. – « Nous ne sommes qu'une de ces traces d'écume… », *Portraits en Provence, Brice Toul*, Avignon, Éditions Équinoxe, 1996. – « Ut pictura poesis », *L'Esprit créateur*, vol. XXXVI, n° 3, 1996. – « Les ateliers de Tours » (1997), *Dans un débris de miroir*, Galilée, 2006. – « *Igitur* et le photographe » (1998), *Sous l'horizon du langage*, Mercure de France, 2002. – « Giacometti et Cartier-Bresson », *Alberto Giacometti / Henri Cartier-Bresson. Une communauté de regards*, Zurich, Scalo, 2005. – « L'âge d'or de la littérature secondaire » (2002), *L'Imaginaire métaphysique*, Seuil, 2006. – *La Stratégie de l'énigme*, Galilée, 2006. – « Mes souvenirs d'Arménie », *Rome, 1630*, Éd. Naïri, Erevan, Arménie, 2007, traduit en arménien par Chouchanik Thamrazian.

É. de Chassey, *Platitudes. Une histoire de la photographie plate*, Gallimard, 2006.

P. Cummings, *Artists in Their Own Words*, New York, St. Martin's Press, 1979.

H. Damisch, *La Dénivelée. À l'épreuve de la photographie*, Seuil, 2001.

G. Debord, *La Société du spectacle* (1967), Gallimard, « Folio », 1992.

F.-M. Dostoïevski, *Crime et Châtiment, Le Joueur, L'Idiot*, romans traduits par André Markowicz, Actes Sud, « Thesaurus », 1996. – *Les Démons*, tr. A. Markowicz, Actes Sud, 1995. – *L'Adolescent*, tr. A. Markowicz, Actes Sud, 1998.

Th. De Duve, « Bernd et Hilla Becher ou la photographie monumentaire », *Les Cahiers du Musée national d'art moderne*, n° 39, printemps 1992.

W. Evans, « Walker Evans », in Paul Cummings, *Artists in Their Own Words*, New York, St. Martin's Press, 1979.

H. Focillon, *Vie des Formes* suivi de *Éloge de la main* (1943), PUF, 1981.

V. Flusser, *Pour une philosophie de la photographie*, traduit par J. Mouchard, Circé, 1993.

J. Frank, *Dostoïevski. Les années miraculeuses (1865-1871)*, traduction par A. Weill, Actes Sud, 1998.

M. Gagnebin, (dir.), *Yves Bonnefoy. Lumière et nuit des images*, Champ Vallon, 2005.

D. Grojnowski, *Photographie et langage. Fictions, illustrations, informations, visions, théories*, Corti, 2002.
A. Gunthert, « La rétine du savant », *Études photographiques*, 7, mai 2000.
E. Hello, *L'Homme. La vie. La science. L'art*, Paris, 1894.
M. Henry, *Incarnation. Une philosophie de la chair*, Seuil, 2000. – *Phénoménologie de la vie. De l'art et du politique*, tome III, PUF, 2004. – *Entretiens*, Sulliver, 2005.
L. d'Hervey de Saint-Denys, *Les Rêves et les moyens de les diriger*, Paris, Amyot, 1867.
E. Husserl, *La Crise des sciences européennes et la phénoménologie transcendantale*, traduction de G. Granel, Gallimard (1976), « Tel », 1989.
R. Kraus, *Le Photographique. Pour une théorie des Écarts*, traduction de M. Bloch et J. Kempf, Macula, 1990.
O. Lugon, *La Photographie en Allemagne. Anthologie de textes (1919-1939)*, Jacqueline Chambon, 1997. – *Le Style documentaire. D'August Sander à Walker Evans. 1920-1945*, Macula, 2001.
G. Macé, *La mémoire aime chasser dans le noir*, Gallimard, 1993.
S. Mallarmé, *Correspondance. Lettres sur la poésie*, Éd. de Bertrand Marchal, Gallimard, « Folio Classique », 1995.
J.-L. Marion, *Réduction et donation*, PUF, 1989.
D. Méaux, (dir.), « Photographie et romanesque », *Études romanesques, 10*, Minard, 2006.
R. Munier, *Contre l'image* (1963), Gallimard, 1989. – « Photographie », *Le Chant second*, Deyrolle Éditeur, 1991.
Fr. Nietzsche, *L'Antéchrist*, *Œuvres II*, Édition de J. Lacoste et J. Le Rider, Robert Laffont, Bouquins, 1993.
Ph. Ortel, *La Littérature à l'ère de la photographie. Enquête sur une révolution invisible*, Jacqueline Chambon, 2002.
E. Panofsky, *La Perspective comme forme symbolique*, traduction par G. Ballangé, Éditions de Minuit, 1975.
A. Rimbaud, *Œuvres complètes*, Livre de poche, « Classiques modernes », 1999.
A. Rouillé, *La Photographie*, Gallimard, 2005.
S. Sontag, *Devant la douleur des autres*, Christian Bourgois, 2002.
J. Starobinski, *Jean-Jacques Rousseau. La transparence et l'obstacle*, Gallimard, 1971.
G. Tarde, *Les Lois de l'imitation* (1890), Alcan, 1895.
J. Thélot, *Les Inventions littéraires de la photographie*, PUF, 2003.
S. Trelcat, « Bernd et Hilla Becher. L'usine épinglée », *Art Press*, n° 305, sept. 2004.

A. Villiers de l'Isle-Adam, *L'Ève future, Œuvres complètes I*, Édition de A. Raitt et P.-G. Castex, Gallimard, « Bibliothèque de la Pléiade », 1986.

Fr. Vordemberge-Gildewart, « Optik – die grosse Mode », *Bauhaus*, vol. 3, n° 4, oct.-déc. 1929.

M. Zarader, « La dialectique du crime et du châtiment chez Hegel et Dostoïevski », *Les Cahiers de la nuit surveillée*, n° 2, *Dostoïevski*, Verdier, 1983.

A. Zweite, « Bernd et Hilla Becher : "Proposition pour une façon de voir". 10 perspectives », *Bernd et Hilla Becher*, Centre Pompidou, 2004.

Origine des textes

L'*Avant-propos* et le dernier essai de cet ouvrage sont inédits ; les autres textes ont paru précédemment sous une forme ici remaniée.

« L'âge de la photographie », dont une version augmentée servit pour une conférence donnée à la Bibliothèque municipale de Tours en 2006 à l'invitation d'Yves Bonnefoy, puis la même année au Musée d'Orsay à l'invitation d'Hélène Prigent, a paru sous le titre : « La modernité comme l'âge de la photographie », dans *La Modernité mode d'emploi*, dir. Fr. Claudon, S. Jouanny, J. Thélot, éditions Kimé, 2006.

« La philosophie de la photographie » a constitué l'hypothèse souvent remise sur le chantier d'un séminaire de recherche à l'Université de Paris XII-Val de Marne en 2004 et 2005 ; une version en a paru dans *Le Nouveau Recueil*, 78, « Écrits avec de la lumière », dossier composé par François Trémolières et Jean-Louis Giovannoni, mars-mai 2006.

« La passion de l'image » est le texte revu et corrigé d'une étude publiée par Danièle Méaux dans *Photographie et romanesque*, Minard, 2006, sous le titre : « Passion de l'image et image de la passion. Le portrait photographique de Nastassia Philippovna ».

« Photographie et poésie » fut d'abord une communication à un colloque organisé en 2004 par Murielle Gagnebin à l'Université de Paris VII, dont les Actes : *Yves Bonnefoy. Lumière et nuit des images*, ont paru chez Champ Vallon, 2005.

Un premier état de « Révélation du monde » a été lu comme conférence à l'Université de Bologne en 2007 à l'invitation de Donata Meneghelli, puis à celle de Paris X-Nanterre en 2008 à l'invitation de Didier Laroque et de Baldine Saint Girons.

Je remercie tous ceux, étudiants, éditeurs et amis,
qui ont favorisé et encouragé
la réalisation et la diffusion de ces recherches.

Index

Abbott B. : 106
Alberti L.-B. : 26
Angelus Silesius : 9, 96, 127

Bajac Q. : 111, 119
Baldus E. : 95
Barthes R. : 19, 33, 34, 84, 119
Bätschmann O. : 55, 119
Baudelaire Ch. : 12, 22, 24, 25, 31, 33, 34, 60, 70, 76, 77, 78, 79, 83, 87, 93, 94, 95, 119, 127
Becher B. et H. : 15, 41, 93, 94, 95, 96, 97, 98, 99, 100, 101, 102, 103, 104, 105, 106, 107, 109, 110, 111, 112, 113, 114, 115, 116, 117, 119, 120, 121, 122
Beckett S. : 23, 120
Bergson L. : 21
Bertaux E. : 88, 120
Bonnefoy Y. : 14, 15, 34, 73, 74, 75, 76, 78, 79, 80, 81, 82, 83, 84, 85, 88, 90, 91, 94, 120, 123, 124, 127
Brady M. : 23

Cartier-Bresson H. : 79, 80, 81, 82, 91, 120
Cazalis H. : 62
Chassey É. de : 104, 120
Chevrier J.-Fr. : 116, 119
Cummings P. : 38, 120

Daguerre J.-A. : 21, 45, 78, 83
Damisch H. : 20, 31, 120
Debord G. : 24, 120
Degas E. : 83
Demeny P. : 12, 80
Dostoïevski F. : 14, 15, 53, 56, 57, 59, 67, 68, 69, 70, 71, 120, 122, 127
Duve Th. de : 104, 120

Evans W. : 38, 95, 104, 105, 108, 120, 121

Flaubert G. : 106
Flusser V. : 112, 120
Focillon H. : 114, 115, 120
Franck M. : 73, 82, 83, 120
Frank J. : 57, 120
Freud S. : 21, 24
Fricke R. : 95, 106, 111, 119

Gagnebin M. : 120, 123
Galilée : 28, 29, 30, 32, 87
Giacometti A. : 80, 120
Griener P. : 55, 119
Grojnowski D. : 21, 121
Gunthert A. : 23, 121

Hegel G.-W.-F. : 19, 57, 122
Hello E. : 21, 121
Henry M. : 29, 35, 112, 113, 121
Hervey de Saint-Denys L. d'. :21, 121
Holbein H. : 55, 56, 62, 67, 69, 70, 71, 119
Husserl E. : 28, 29, 30, 121

Janssen J. : 23
Jésus : 67
Jouve P.-J. : 79, 127

Kéchichian P. : 76
Kierkegaard S. : 32
Kraus R. : 18, 121

Lequeux E. : 111
Le Secq H. : 95
Lingwood J. : 106, 116, 119
Littré É. : 31
Lugon O. : 104, 108, 121

Macé G. : 25, 121
Mallarmé S. : 11, 33, 51, 62, 83, 85, 121
Marion J.-L. : 97, 121
Markowicz A. : 53, 61, 63, 68, 120
Méaux D. : 121, 123
Munier R. : 114, 121

Nadar : 33, 83
Niépce N. : 19, 21, 26, 45, 78
Nietzsche Fr. : 67, 121

Ortel Ph. : 25, 121

Panofsky E. : 27, 121
Paulhan J. : 25, 34
Piero della Francesca : 26, 94
Poe E. : 83
Proust M. : 21, 22, 23, 24, 34, 45, 56, 76, 81
Renger-Patzsch A. : 95, 103, 105
Rimbaud A. : 12, 80, 121, 127
Rouillé A. : 22, 113, 121
Rousseau J.-J. : 94, 121

Sander A. : 95, 104, 105, 108, 121
Sontag S. : 23, 121
Starobinski J. : 94, 121
Struth Th. : 116, 119

Tarde G. : 21, 121
Thélot J. : 31, 55, 121, 123
Toul Br. : 75, 82, 83, 91, 120
Trelcat S. : 116, 121

Villiers de l'Isle-Adam A. : 45, 76, 122
Vordemberge-Gildewart, Fr. : 93, 122

Zarader M. : 57, 122
Zweite A. : 100, 107, 111, 116, 122

Du même auteur

Poétique d'Yves Bonnefoy, Droz, 1983.
Baudelaire. Violence et poésie, Gallimard, 1993.
La Poésie précaire, PUF, 1997.
Les Inventions littéraires de la photographie, PUF, 2003.
Au commencement était la faim, Encre marine, 2005.
Contre la mort, Fissile, 2007.
La Poésie excédée. Rimbaud, Fissile, 2008.
L'Idiot de Dostoïevski, Gallimard, 2008.
Ou l'irrésignation. Benjamin Fondane, Fissile, 2009.

Traductions

John Millington Synge, *Douze poèmes*, Grèges, 2002.
Angelus Silesius, *Le Voyageur chérubinique*, Les Belles Lettres, « Encre marine », 2008.

Éditions

Jouve, *Dans les années profondes, Matière céleste, Proses*, « Poésie/Gallimard », 1995.
Baudelaire, *Correspondance*, Gallimard, « Folio », 2000 (avec Cl. Pichois).
Vigny, Romantisme et Vérité, Éditions InterUniversitaires, 1997.
Philippe Jaccottet, Le Temps qu'il fait, 2001 (avec P. Née).
Quinze études sur Nerval et le romantisme, Kimé, 2005 (avec H. Mizuno).
Simone Weil et le poétique, Kimé, 2007 (avec J.-M. Le Lannou et E. Sepsi).
Roger Munier, Le Temps qu'il fait, 2009 (avec Fr. Lallier).

Achevé d'imprimer en novembre 2009
sur les presses de l'imprimerie Chirat
42540 St-Just-La-Pendue,
pour le compte des Éditions Les Belles Lettres
collection « encre marine »
selon une maquette fournie par leurs soins.
Dépôt légal : novembre 2009
ISBN : 978-2-35088-020-4
N° : 200910.0075